なぜ銀座のデパートはアジア系スタッフだけで最高のおもてなしを実現できるのか!?

価値観の違うメンバーを戦力化するための17のルール

千葉祐大

IBC Publishing

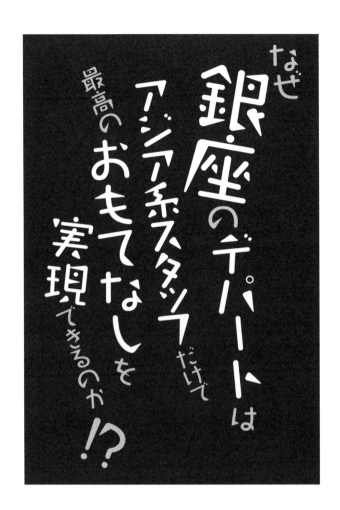

はじめに

「今銀座のデパートはアジア系スタッフであふれている」

２０１７年の春節（中国の旧正月）期間中の日曜日。ここは日本一の街、東京・銀座の中心部にある有名デパート。20代後半とおぼしき女性販売員が、一人の中国人客に近づいていく姿が目に入りました。その中国人客は、イラついた口調で、盛んに何かを早口でまくしたてています。どうやら中国でも有名な化粧品ブランドのクリームについて詳しい説明を求めているようです。

「どう対応するのかな?」そう思ったのも束の間、彼女は笑みをたたえながら、流暢な中国語で説明を始めました。そしてものの3分もしないうちに、その商品の購入に至りました。その間、動きや説明にまったく無駄がありません。胸元のネームプレートをよく見ると中国人の名前が。そう、彼女はこのデパートに派遣されている、化粧品メーカーの中国人美容部員だったのです。

今銀座のデパートは、たくさんの外国人スタッフであふれています。なかでも圧倒的に多いのが、中国を中心としたアジア系の販売員。聞けば、このデパートの化粧品売場だけで100人以上の中国人スタッフが働いているそうです。その数なんと、化粧品売場全体の3割近くにまで及んでいます。

2016年の訪日外国人の数は過去最高の2404万人。そのうち中国人が全体の4分の1を占めました。とりわけこの銀座という場所は、中国人団体客のツアーに必ず組み込まれる有名な街で、日本観光の看板的な存在となっています。今や銀座でカラスを見ない日はあっても、銀座で中国人観光客を見ない日はないといっても過言ではありません。

お客さまが外国人であれば、接客する側も言葉や文化を理解している同国人のほうがいいと考えるのは当然のこと。接客がスムーズに運び、売り上げがアップする可能性が確実に高まります。そのため、この銀座のデパートのように、外国人客が多くなれば、外国人スタッフの数を増やすのは理にかなった戦略といえるでしょう。現に日本の小売・サービス業の外国人スタッフ数は年々増え続けており、直近では約30万人もの外国人が、接客、販売系の仕事に就いているといわれます。

ただ、なかにはこんな懸念や疑問を持たれる方がいるのではないかと思います。「はたして外国人に、日本人と同じレベルのおもてなしを実践することができるのか」そして、「どうやって、外国人におもてなしの教育をすればいいのだろうか」と。かゆいところに手が届くのが日本式サービスの特徴です。確かに、細かな気配りが習慣化されていない外国人が接客することによって、おもてなしの質が下がってしまう可能性はゼロではありません。なにせ文化や宗教、育った環境がまるっきり違うのですから。日本特有の商慣習を、完璧なレベルで理解するのはなかなか難しいように思えます。

でも安心してください。外国人が日本人と同じレベルのおもてなしを実践することは可能です。日本のおもてなしは、決して日本人にしか実現できないものではありません。むしろ私は、特定のポイントさえ押さえれば、外国人を日本人以上のおもてなし実践者にすることも可能だと思っています。近い将来、「日本一の販売員が外国人」ということだって十分にあり得るでしょう。その根拠や教育方法については、銀座のデパートで実際に行われている事例を取り上げながら、今から詳しく実証していきます。

本書は、外国人とりわけアジア系人材を、おもてなし提供者として育成する方法を指南した、きわめて実践的な内容になっています。現在、外国人と働いている、あるいはこれから働く予定のある、すべてのサービス業の皆さんのお役に立てる内容であると確信しています。

筆者は長年、サービス業の現場で外国人材の育成に携わり、今は実際に、多くのアジア系外国人販売員に対して接客の研修をしています。また高等教育機関の教員としても、これまで延べ6000人以上の外国人留学生を指導してきました。本文に書いた知見や実証データは、高い普遍性があると自負しています。

日本にいながらにして、外国人と当たり前のようにコミュニケーションをとり、協働していく社会は、いやおうなく訪れる目の前の現実です。ほとんどの日本人が、遅かれ早かれその現実に直面することになります。本書がその対応に悩む方々の助けになることができれば、筆者としてこれに勝る喜びはありません。

目次

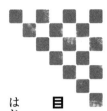

第2章　特殊な日本人が生んだ高いおもてなしレベル　45

第6章　銀座のデパートがアジア系スタッフのおもてなしレベルを上げるために実践しているルール　167

第7章　銀座のデパートがアジア系スタッフのやる気を上げるために実践しているルール　197

第1章

日本で外国人が外国人におもてなしをする時代

爆買いが終わっても訪日外国人の数は増え続けている

東京都心から電車で20分程度の住宅地に、連日、外国人観光客で賑わうお寺があります。欧米人を中心に、多いときには一日50人以上の外国人がこの場所を訪れます。そのお寺の名称は「豪徳寺」。今から500年以上前に建造された、歴史と由緒ある寺院です。もっともその外観だけを見れば、同じような建造物は全国にたくさんあり、少なくとも日本人の間ではそれほど知名度の高いお寺ではありません。では、なぜこれほどまでに世界中から観光客が集まってくるのでしょうか。

実はこのお寺は、日本の招き猫の発祥地。院内には常に1000体以上の招き猫が奉納されています。ここ数年、SNSや個人ブログをはじめ、トリップアドバイザーや日本政府観光局のサイトでも紹介され、願いが叶うパワースポットとして話題となりました。院内の奉納スペースに足を踏み入れるや、目に飛び込んでくる「招き猫だらけ」の景観は壮麗で、訪日外国人が選ぶ人気写真スポットの常連にもなっています。このように、近年、外国人観光客の訪問場所には変化が起こっており、必ずしも有名な観光地ばかりに人が集まるとは限らなくなってきました。

日本では、中国人の「爆買い」が終焉を迎えたといわれています。訪日中国人の消費意欲が減退したことにより、一部ではインバウンド自体が斜陽になりつつあるかのような報道もされています。確かに訪日中国人の消費に関しては、関税引き上げや為替変動といった外部環境の変化によって、ここ1～2年でずいぶん下火になりました。おそらく今後、爆買いといわれる現象が再燃することは考えにくいかもしれません。

ただ、実は訪日外国人の数自体は減っておらず、むしろ堅調に伸び続けています。2016年の訪日外国人の数は前年比21・8％増の年間2404万人。2017年に入ってからもこの勢いは衰えておらず、月別の過去最高人数を更新する月が続いています。爆買いをしなくなった訪日中国人についても、人数だけを見れば、これまでと変わらず順調に伸び続けています。

もっとも訪日外国人のニーズや訪問場所は、確実に変わっています。昨今は、過去に団体旅行で訪れた観光客が少人数でリピートするのが主流。訪日外国人が、どんどん「リピーター化」「個人旅行化」しています。こういった人たちは、有名観光地はすでに行き尽くしていますので、目的地はよりニッチな場所に変わってきています。

換言すれば、旅行前に自分で調べた「自分だけの観光地」を目指して日本に来る人が多くなっています。目的地が多様化し、「なんでそんなところに行くの」と思うような場所に、突然外国人観光客が押し寄せる事例が後を絶ちません。冒頭で紹介した豪徳寺も、「自分だけの観光地」としてSNSやブログで紹介され、口コミ効果で突如として人気スポットになった例の一つなのです。

また、彼らはこれまで何度か日本に来たことがありますので、すでに欲しいモノは入手済みです。そのため旅行中のニーズは買い物をすることではなく、体験やサービスを味わうことに移行しているといわれます。中国人が買い物をしなくなったのも、リピーター化の進行がその要因の一端といわれています。

このように、訪日外国人のニーズや訪問場所は、多様化と分散化の傾向をどんどん強めています。ある日突然、どこに誰が押し寄せ、何が売れるのか読めない時代になってきました。ただ間違いなくいえることは、日本を訪れる外国人の数はこれからも増え続けるということ。爆買いが終わり、外国人観光客のニーズが変容したとしても、インバウンド需要自体はこの先もしばらく減退することはないでしょう。

「訪日客の数が加速度的に増え続け、それに輪をかけてニーズの多様性が増している」目まぐるしく変化する、日本のインバウンドの現状を表現すると、このような端倪すべからざる状況にあるといえます。

訪日ムスリム100万人時代が来る

毎年年末に発表される「新語・流行語大賞」に、5年以内に必ずノミネートされるワードを予想します。それは、「ムスリム」と「ハラルフード」。ムスリムとはイスラム教徒を指す言葉で、「ハラルフード」とはイスラム教徒に許された食材や料理のことをいいます。これらのイスラム教に関するワードは、まもなく日本でごく一般的な言葉になるでしょう。なぜなら、これから日本の街中には確実にムスリムが増えていくからです。

現在、世界のムスリム人口は16億人を超え、世界人口全体の4分の1近くを占めています。人口増加国にムスリムが多く住んでいることからその拡大スピードは速く、２０２５年には20億人を突破。２０３０年頃にはクリスチャンの総数を抜いて世界最大の宗教になると予想されています。

訪日外国人の中にもムスリムが増えてきました。国籍別にみると、「インドネシア人」と「マレーシア人」が訪日ムスリムの大多数を占めています。２０１６年の両国からの訪日客は、訪日インドネシア人が前年比32％増で、訪日マレーシア人が前年比29％増。訪日外国人全体より高い伸び率で人数が増加しています。現在、年間74万人程度の訪日ムスリムの人数は、2～3年以内に１００万人に達すると見込まれています。

日本では、イスラム教というだけで直感的に「何か怖そう」と思う人が少なくありません。

これは、イスラム教がこれまで日本人になじみがなかったことに加え、一部の過激派集団がもたらした負のイメージが影響しているのでしょう。ただ、本来イスラム教はとても平和的な宗教であり、インドネシアやマレーシアの犯罪率をみても、日本とほとんど大差ありません。「イスラム教は危険だ」と決めつけるのは、誤解と偏見に基づく暴論といえます。

またイスラム教の国の多くは親日で、歴史的な面でも文化的な面でも日本を尊敬してやまないといいます。イスラム教で説かれる「誠実、禁欲、慈悲」といった美徳を、日本人が体現していると思われているからです。訪日客が多いインドネシアやマレーシアはもちろん、トルコ、イラン、サウジアラビア、エジプトといった国の人たちも、強い親日感情を持っています。

ご承知のとおりイスラム教には、神との契約に基づく厳しい戒律があります。ムスリムは、この戒律に則って日々の生活を送っています。この戒律によるイスラム特有の生活習慣について、日本人の理解はまだ十分とはいえません。代表的なムスリムの習慣としては、一日5回のお祈りが義務づけられていることや、豚肉やアルコールの成分が入った食べ物を口にしないことがよく知られています。しかし、日本には礼拝に適した場所が少なく、食べ物の成分表示も十分でありません。現状、日本を訪れるムスリムはいろんなことに困っています。
知人のマレーシア人は、ツアー旅行で日本に来たとき、楽しみにしていた温泉に入れず、とても残念な思いをしたといいます。ムスリムは他人に裸を見せられないため、水着やバスタオルで体を隠さない限り、大浴場には入れないのです。また別のムスリム女性は、デパートに買い物にいったとき、販売員が男性だったので何も買わずに帰ってきたそうです。ムスリムは家族以外の男女間の接触を忌避します。どんな場面であろうと、見知らぬ異性と接触する可能性のある行為を忌み嫌うのです。

日本人の感覚からすれば、「日本に来ているのだから、郷に入っては郷に従うべきではないか」と思う人が多いかもしれません。しかし、ムスリムの立場に立つとなかなかそういうわけにもいきません。彼らの戒律は神との契約であり、人と人との契約ではないからです。神の許しがない限りは、郷に従うことなどできないのです。

これから日本を訪れるムスリムは増加の一途を辿ります。これはつまり、「今のままでは困る人」がどんどん増えていくことでもあります。私たちは、自分たちとの違いをよく理解したうえで、ムスリムに適切に対応していく必要があるでしょう。ただこれは、ポジティブな見方をすれば、ムスリム向けの接客やマーケティングにはまだまだ伸びしろがあるということでもあります。来るべき訪日ムスリム100万人時代は、新たなチャンスや可能性が生まれる時代ともいえるのです。

日本に住む外国人も着実に増えている

日本で最も外国人居住者数の多い東京都新宿区は、住民の何パーセントが外国人だと思いますか？

正解はなんと約11パーセント、10人に1人の割合です。顔立ちが似ている東アジアの人が多いため、なかなか気づきにくいのですが、実は日本の外国人居住者の数は、毎年着実に増え続けています。2016年末の在留外国人数は238万2822人。前年末からわずか1年で15万人以上増え、統計を取り始めた1959年以降で最多の人数でした。インバウンド以外でも、日本の内なる国際化は着々と進んでいるのです。

彼らが日本を生活場所に選んだ理由は、もちろん人によって違います。ただ明確にいえるのは、彼らは日本が好きだからここに来ているのであり、居住者となった今も、変わらず日本が好きな人が多いということです。なかには会社の命令でイヤイヤ日本に駐在しているビジネスパーソンや、消極的選択で日本に来ざるを得なかった人はいるかもしれません。ただ日本のことが心底嫌いな人が、仕事や学びの場に日本を選ぶケースは少ないはずです。彼らのほとんどが親日で、今の生活にポジティブな想いを持っている人が多数を占めています。

たとえ来日前に悪いイメージを持っていたとしても、ひとたび日本で生活し、密に日本人と接すれば、多くの人は日本が好きになるといいます。先日インタビューした日本在住7年目の中国人ビジネスマンも、「日本人に対する印象の変化」について、熱い口調でこう語ってくれました。

「正直なところ、昔は中国を攻撃した極悪人というイメージを持っていましたが、日本に来てすぐに日本人に対する印象が変わりました。多くの日本人はとにかく優しくて親切、そしてまじめでうそをつきません。日本は生活にゆとりがあるというか、かゆいところに手が届く社会だと思います。今は決して経済状況がいいとはいえませんが、我々中国人にとっては、日本はとにかく居心地がいい、楽園のような国なんですよ」

実は日本には、日本人にとっては日常でも、外国人にとっては非日常の事象が数多くあります。とくに日本で暮らす外国人が驚くのが、「安心」「安全」「安定」の3つの「安」に関して。以前、ベトナム人留学生達と日本をテーマにディスカッションしたときも、彼らから日本の「安」に対する以下のような言葉が相次いだことが印象的でした。

「日本では、カバンを置きっぱなしでトイレに行ってもお金を盗まれる可能性が少ないでしょ。ドロボウを警戒しなくてもいい。こんな安全な国は世界中どこにもないですよ」「私たちの国では、バスで居眠りする人はあまりいません。少しでも眠りにつけば、荷物を持っていかれる可能性があるからです。日本に来て最初にびっくりしたのは、電車やバスに座っている人全員が寝ている光景を見たとき。ベトナムではこんなことは決してあり得ません」

「安全といえば、環境面や衛生面も同様です。日本はどこに行っても、道にゴミが落ちていないだけでなく、空気がおいしくて空が澄み渡っています。私の故郷のハノイでは、空気が汚れていつもどんよりしており、マスクなしでは生活できないくらいです。だから、ベトナムよりはるかに発展している日本の空が真っ青なことには驚きました。経済的に豊かなうえに、おいしい空気がたっぷり吸える日本人は、本当に恵まれていると思います」

今アジアを中心に、日本での生活に憧れる人の輪が広がっているといいます。それは、こうした「驚くべき日常」を実感した外国人が、日本のポジティブな印象を発信し、母国に日本の良さを広めてくれているからです。私たち日本人の何気ない日常は、外国人にとってはびっくりするくらい魅力的でハイレベルなものなのです。だからこれからも、日本を目指す外国人は間違いなく増え続けていくでしょう。

日に日に高まる外国人スタッフの必要性

これまで述べてきたとおり、日本には今、日本人とは違う特性や慣習を持った外国人がどんどん増えています。そして、日本に滞在する外国人が増えるということは、当然ながらお客さまにも外国人が増えることを意味します。昨今は接遇・販売の現場も、以前とは比べものにならないくらいお客さまの多様性が増してきました。

このようなお客さまの変化を踏まえ、今後、販売員の接客はどうあるべきなのでしょうか。日本人との違いに応じて、これまでのやり方を何か変える必要があるのでしょうか。この問いに対する私の答えは明確です。まず大前提として、日本のおもてなしの基本は変えてはいけません。とことん日本流を貫くべきです。なぜなら外国人のお客さまは、あくまで日本式サービスを受けたいと考えているからです。

実際、どの国の外国人に話を聞いても、「こんなに細やかな気配りをする国は世界中どこにもない」「日本式サービスは、本当にかゆいところに手が届く」と異口同音に賞賛の言葉を述べます。日本のサービスが世界一であることは間違いなく、一度でも日本のおもてなしを受けた人は、自国とのレベルの違いに驚きます。この点に関して、大阪にある有名な商業施設の副店長も、「訪日外国人のニーズは多様化しており、接客サービスの充実が必須。外国人のお客さまは日本人と同じレベルの接客を求めている」と、インタビューの中で述べています。

日本のおもてなしの要諦をひと言でいえば、「相手の立場に立つ」こと。相手が何を考え、何を求めているかを瞬時に見抜いたうえで、一人ひとりに合わせた最善の応対法を見出すことが肝となります。ただ、これは同質性が高く、価値観や考え方が近い日本人同士だからこそうまく成り立ってきた面があります。これまで相手がほとんど日本人客であったため、おもてなしのやり方がある程度画一的でも、相手が求めるニーズから大きく外れることはありませんでした。

しかし相手が外国人客の場合は、常にこのやり方がうまくいくとは限りません。外国人客のなかには、日本人が想定しないような価値観や考え方を持った人がいます。そのため、日本人同士であれば通じるサービスが相手に伝わらなかったり、過剰だったりするケースが起こりつつあります。相手によって、求めるニーズにばらつきがありすぎるからです。つまり、サービスの現場にこれまでになかったレベルの多様性がもたらされ、従来のやり方では対応できない場面が生じているのです。

また日本人スタッフが外国人客を接客する場合、現時点では「言葉の壁」が厳然として存在します。「どう声をかけたらいいかわからない」「最後まで対応できる自信がないので最初から話しかけない」と、外国人客に苦手意識を持つ日本人スタッフが多いと聞きます。このような意識があるうちは、相手に合わせた最善の応対など望むべくもありません。将来的に、精度の高い自動翻訳機が普及すればこういった問題も解消していくのでしょうが、現状は、まったくおもてなしになっていない接客をしているケースが非常に多いといいます。

そこで求められるのが外国人スタッフ。言語はもちろん、相手の文化や習慣をよく理解した販売員が応対したほうが、お客さま満足度が高まるのは当然です。本来は日本人スタッフが言語をマスターし、相手の文化や習慣について習熟するのが理想かもしれません。しかし、まずは日本人客への応対力アップを考えなければならない日本人スタッフに対し、この理想を求めるのは現実的ではありません。やはり、日本式サービスを熟知した外国人スタッフが外国人客に応対するほうが現時点ではベターといえるでしょう。

ただ、くれぐれも曲解しないでいただきたい点があります。外国人スタッフが応対するといっても、接客の基本は従前と同様のおもてなしを実践することであり、決して日本式サービスを外国人客仕様に変えるわけではありません。あくまで外国人スタッフが、外国人客のニーズに合わせて日本流のおもてなしを部分的に調整するイメージであることは強調しておきたいと思います。

外国人スタッフを活用するメリット

では外国人スタッフを活用するメリットにはどのような点があるでしょうか。外国人スタッフが外国人客に応対することによってどのような効果が見込めるのでしょうか。この点について、以下で具体的に述べていきたいと思います。

1．言語対応が完璧にできる

外国人スタッフが日本人スタッフより圧倒的に優位なのは、なんといっても完璧な言語対応ができる点でしょう。言葉が通じなければ、おもてなしを最後までやり遂げることは難しいですし、そもそも外国人客に対する声かけ自体を尻込みしてしまうケースも少なくありません。

仮に外国語をある程度習得している日本人スタッフだったとしても、微妙なニュアンスの違いを判別するのはなかなか難しいものです。というのも、どの国にも方言があり、言語にはいくつもの派生パターンが存在するからです。たとえば英語でいえば、アメリカ英語、イギリス英語、オーストラリア英語と、国によって発音や用法に違いがあり、さらにその国の中でも地域ごとにイントネーションが異なります。ベーシックな英語だけを学習した日本人が、この違いを完璧に聞き分けるのはなかなか容易ではありません。

また中国語の場合であれば、中国語には標準語である「普通話」を含めて7大方言が存在します。それぞれに大きな違いがあり、広東語に至っては、他地域の人が「まるで外国語のようだ」というくらい発音やイントネーションが異なります。中国語が母国語ではない人が、この違いを識別し、適切に対応するのは至難の業といえるでしょう。やはり外国人客への応対は、その国の言語を完璧に操れる外国人スタッフのほうが、スムーズなコミュニケーションが図れることは間違いありません。

2. 相手のニーズに合った接客ができる

販売員がお客さまと同じ国籍であれば、その国特有の慣習や流行などを把握しているため、相手がどんなものを求めているかある程度予想がつきます。その結果、相手のニーズを踏まえた適切な応対が可能になり、推奨の精度が上がります。接客トークの勘どころがわかった外国人スタッフのほうが、売り上げアップに貢献できるのは間違いないでしょう。

そして同じ出身国同士のほうが、より急速にコミュニケーションを図れるという効果もあります。皆さんも買い物をしているとき、販売員が同郷の人であれば、相手に特別な感情を覚えて「この人から買おう」と思うのではないでしょうか。人には誰しも、自分と共通点の多い相手に親しみを感じる「類似性の原理」という習性があります。これは当然、外国人同士の場合も同様で、言語はもちろん、宗教や生活習慣が同じ同国人が応対したほうが、接客がスムーズに運ぶのは明らかです。

この点に関して、全国40箇所以上に免税店を展開する家電チェーンで実際に行われている例を一つ紹介します。このチェーンはおもに中華圏の訪日観光客をターゲットに店舗展開しており、来店客の8割以上が中華圏からのお客さまで占められています。当然、販売員も中国人を数多く採用しており、スタッフのなかには中国のあらゆる地域の出身者がそろっています。

実は中国人というのは「同郷意識」がとても強く、同じ出身地の相手とは急速に親密になる一方、出身地の違う相手とはなかなか交わろうとしない特性があります。そのため同チェーンでは、中国人客が来店した際、最初にパスポートで出身地を確認し、同じ出身地の販売員に応対させるようにしているといいます。上海人のお客さまには上海出身の中国人スタッフが応対し、福建省から来たお客さまであれば、必ず福建省出身のスタッフが応対するよう徹底しているそうです。この方法を導入したことよって接客の質と濃度が格段にアップし、売り上げが数パーセント上がったといいます。

以上、外国人を活用する代表的なメリットを2つほど紹介しました。結論としては、外国人客を多く取り込みたい店舗は、外国人スタッフを積極的に活用していくべきでしょう。ただ、もちろんいいことばかりではありません。デメリットとしては、就労ビザの手続きに手間がかかったり、受け入れ態勢を整備するための付加的なコストがかかったりすることが挙げられます。また人事制度や報酬制度が本人の希望と合わず、すぐに離職してしまうリスクは日本人以上に高いです。外国人スタッフの活用は、多大なメリットがある反面、いくつかのデメリットがあることも併せて認識しておく必要があるでしょう。

外国人スタッフのおもてなしの実状

「お客さまが近くにいるにもかかわらず、スタッフ同士が私語をしている」
「ガムかアメのようなものを口に入れながら接客をしている」
「接客カウンターの陰でスマホをいじりながら待機している」

これはある高級ブランド店であった、外国人スタッフに対するクレームの一例です。こうした「ながら応対」は、外国人スタッフの定番ともいえる接客トラブルといえます。「バレなきゃいいのでは」というのが彼女たちのベースにある考え。なかには、「そもそもなんでいけないの？」と反論する者もいて、現場の日本人マネージャーはずいぶん指導に苦慮しているようです。

今の外国人スタッフの応対を揶揄して、「お」・「も」・「て」なし、といわれることがあります。これはすなわち、「お」奥ゆかしさ・「も」目的意識・「て」丁寧さ、の3つがないという意味。お客さまへの心づかいや、きめ細やかさに欠け、おもてなしの目的を理解せずに漫然と応対するさまを指して、こう表現されるのでしょう。

ただ、このような有り様になるのも、ある程度は致し方ない面があります。人は誰しも、自分がこれまで行ってきたスタイルを基準に物事を判断してしまうもの。郷に入ろうにも、これまでの慣習が邪魔してなかなかすぐには他文化のスタイルに適応することができないのです。

他方、彼女たちを指導したり評価したりする側も、前提として「日本人と常識が違う点がたくさんある」ことを認識しなければなりません。というのも、多くの人は自分がやってきたことが絶対だと思い込み、それ以外の行動をする相手は間違っている、と直情的に決めつけてしまうところがあるからです。

たとえば、日本ではあいさつするときはお辞儀をするのが常識ですが、そもそもお辞儀が習慣になっていない国も多くあります。中国では社会主義国家が建設されて以来、深く頭を下げるお辞儀は封建時代の悪しき名残として行われなくなりました。今は中国人同士のあいさつは握手をするのが一般的です。そのため、たとえ中国人スタッフのお辞儀の頻度が少なかったとしても、「手を抜いている」と決めつけてはいけません。お辞儀を必要以上にする習慣がないため、日本人スタッフと同じように実践できないだけかもしれないからです。

冒頭で紹介した、お客さまの前で私語をするという例も、多くの国では販売員の私語は日常茶飯の光景です。とくに「私語」の内容が仕事に関する話であれば、ほとんどの外国人スタッフは、「なんでお客さまがいたらスタッフ同士が仕事の話をしてはいけないの？」と、疑問に思うはずです。

また、何かを口に入れながら接客するという件に関していえば、以前、口臭予防の目的でタブレットを口に含みながら応対しているケースがありました。本人としては、「お客さまに不快感を与えないようそうしているのになんでそれがいけないの？」という言い分です。日本人マネージャーが頭ごなしに「それがルールだから」と言っても納得せず、終始不満げな表情を浮かべていました。このように、「日本の常識」と「自分たちの常識」の違いは日々至るところに存在しており、多くの外国人スタッフがその違いに少なからずとまどっているのが実状です。

彼女たちをマネジメントする日本人上司は、日本のやり方が必ずしもグローバルスタンダードとは限らないと考えたほうがいいでしょう。そして違いがあることを前提に、相手に合わせて指導や教育のしかたを工夫していくべきなのです。その具体的な方法については第5章以降で詳しく説明していきますが、要は「なぜそれが必要なのか」「なぜそれをしてはいけないのか」といった理由を認識させることが肝要です。その理由に納得性がなければ、決して外国人スタッフを動かすことはできません。そのくらい、お互いの違いの乖離は大きくかつ根源的なものなのです。

誰も見ていないときも手を抜かないのが日本人

以前、日本の有名ファストファッション店で働く中国人女性にインタビューしたとき、とても印象に残った言葉がありました。それは、「私はレジの内側に落ちているゴミは絶対に拾わない」という趣旨の言葉。日本人との考え方の違いがよくわかる興味深い発言だと思いました。

彼女いわく、「レジの内側のゴミを拾うのは私の仕事ではありません。売り場にゴミが落ちていた場合は拾うように指導されていますが、お客さまの目に触れない場所のゴミを拾うことは、私の職務記述書に記載されていませんから」とのこと。

そして、「レジの内側にゴミが落ちていたとしてもお客さまからクレームを言われることはありませんし、そのゴミを拾っても誰にも評価されません。やってもやらなくても評価が変わらない仕事をやるのはムダです。私は常に自分の成績につながる仕事に全力を注ぎたいのです」と強弁しました。

これが必ずしもすべての外国人スタッフを代表した意見だとは思いませんが、彼女たちのなかには、こうした日本人にはない考え方をする人がいることは確かです。誰も見ていない場所や場面では余計なエネルギーは注がない、というのはとても合理的な考えです。ただ、「利他の精神」を諒とし、「手抜きは悪」と捉える日本人は、このような考え方に違和感を覚える人が多いのではないでしょうか。

誰も見ていないときも手を抜かないのは、日本人の優れた特性といえます。日本には和を尊重する精神文化があり、日本人は集団の秩序を自発的に守ろうとする高い公徳心を持っています。誰かが喜んでくれるのなら、時には自分が損をすることも厭わずやろうとします。日本人の精神性のなかに、「自己犠牲は美徳」と考える意識があるからです。

日本人は人にあまり着目されない点でも誠実にやろうとし、人が見ていないところで悪さをすると、「お天道様が見ている」と考えます。日本で財布を落とした場合、遺失したお金が手元に戻ってくる確率は世界一といいます。日本人の特性を知るベトナム人留学生が、「自分たちの国では、遺失物を持ち主に返すとニュースになるけど、日本ではネコババするとニュースになる」とジョークを言っていたほどです。こういった生まじめさも、日本人ならではの美点といえるでしょう。

誰も見ていないときも手を抜かないといえば、日本には「相手の姿が見えなくなるまで見送りをする」文化があります。これは茶道の「残心」の考えから来ており、今でもビジネスマナーとして実践されています。昔の茶人は客を送り出すとき、相手の姿が見えなくなるまで見送り、その後、客を偲んで一人で茶を点て静かに茶に親しんだといいます。見送った後すぐに次の行動に移るのは失礼で、別れた後も相手に対する「心を残す」ために、姿が見えなくなるまで見送り続けるのです。

このような考え方の違いは、日本人と外国人との大きな差の一つといえます。誰にも見られていなくても見られているかのように振る舞うというのは、間違いなく日本人に特異な言動といえるでしょう。もっともこうした日本人の特性は、時として外国人には「よくわからない日本人の考え方」と映るようです。現に相手の姿が見えなくなるまで見送るマナーに関しては、「理解できない日本人の習慣」を外国人に訊いたときに、必ず回答のなかに項目として挙がります。

ただ、この考え方の差異を埋められないと思ってはいけません。実際に、外国人スタッフがこうした日本式のマナーを納得づくで実践している例は数多くあります。このあたりの指導法については第5章以降で詳しく説明しますが、大切なのはとにかくその必要性を認識させることです。「理解できない日本人の考え方」が「自分たちも取り入れたほうがいい考え方」に変わるようマインドチェンジさせれば、きっと外国人スタッフも日本人と同様の言動を実践するようになるはずです。

【統計データ】誰もがグローバル化から逃れられない時代

本編でも述べたとおり、２０１6年の訪日外国人の数は過去最多の２４０４万人でした。前年と比べると21・８％の伸び率で、人数ベースで４３０万人増加しました。この5年で4倍近く人数が増えたことになります。政府は東京オリンピックの行われる２０２０年に年間４０００万人、２０３０年には６０００万人の訪日外国人を誘致する目標を掲げていますが、このペースでいけば十分にクリアできる見込みです【図1参照】。

国籍ごとにみると、最も人数の多い中国人観光客が全体の28％に及び、以下、韓国人（20％）、台湾人（18％）、香港人（８％）の順で続きます【図2参照】。この5年で韓国、台湾は3～4倍、中国、タイにいたっては6倍以上も人数が増えてい

【図１】訪日外国人の年度別推移

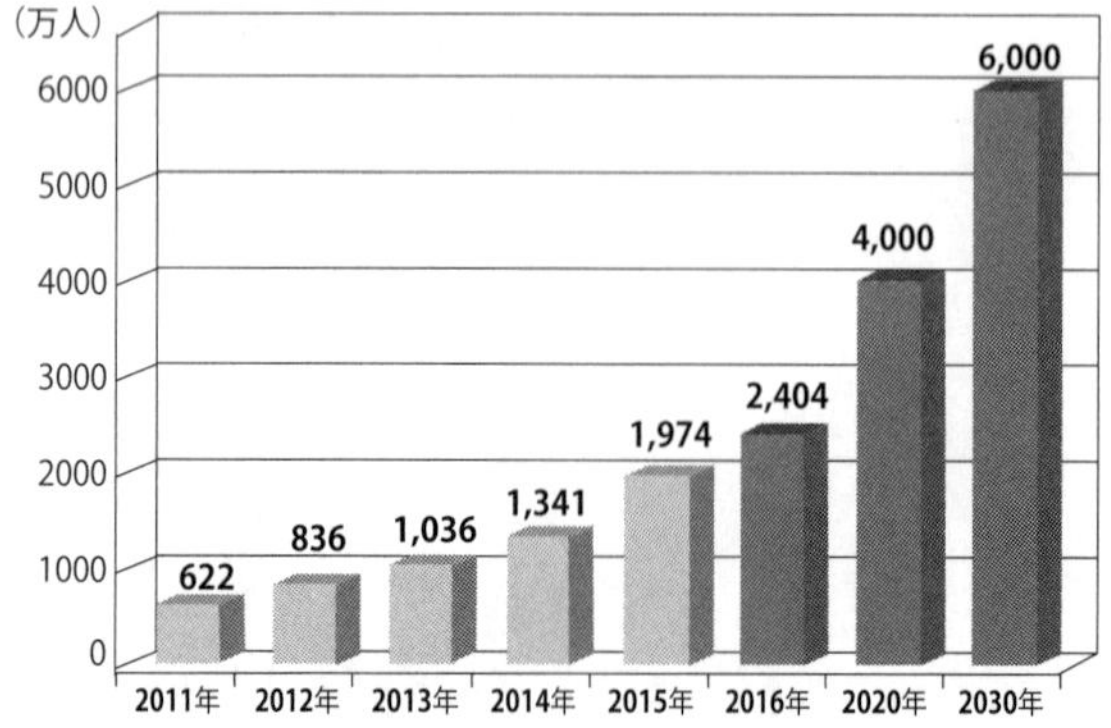

出典：観光庁「観光白書」

ます。

また、2016年末時点の日本の外国居住者は238万2822人。統計開始以来、過去最多の人数となりました。日本全体に占める割合は2%程度にすぎませんから、他国と比べればまだまだ少なめの数字といえるかもしれません。ただ、島国でほぼ単一民族の日本は、有史以来ずっと排他的な社会構造を維持してきました。この点を踏まえれば近年の変化は画期的で、日本は一つの転換期を迎えつつあるといっても過言ではありません。

そして2016年、日本で働く外国人の数が初めて100万人を超えました【図3参照】。厚生労働省の発表によると、2016年10月時点の外国人労働者の人数は過去最多の108万3769人。いよいよ日本は外国人労働

【図2】2016年 訪日外国人の国籍別割合

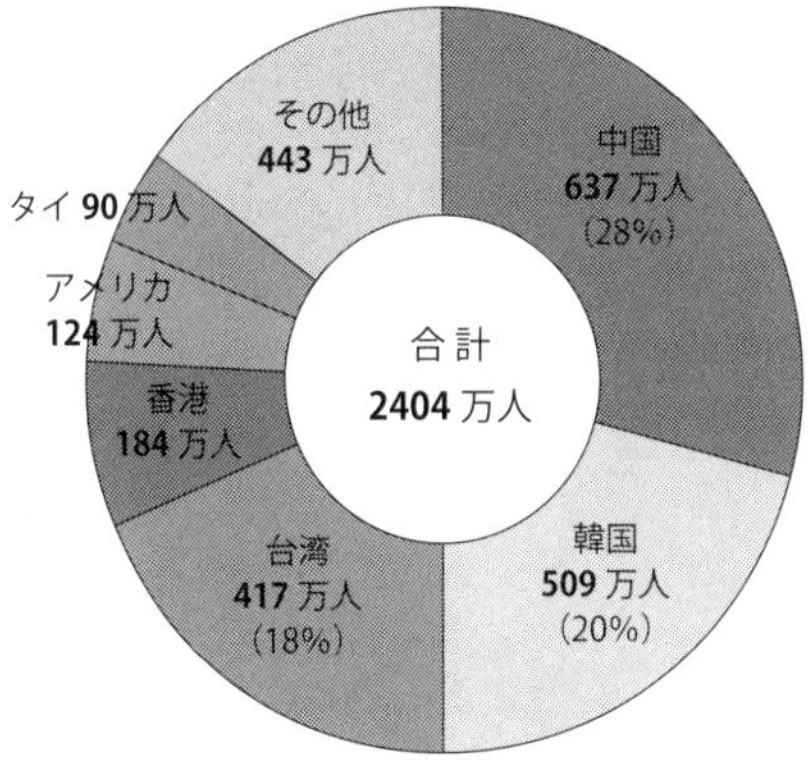

出典:日本政府観光局(JNTO)「2016年 訪日外客統計」

者100万人時代を迎えたのです。いまの日本は、外国人労働者に対し門戸を完全には開いていないにもかかわらず、人数はここ数年で急速な伸びを示しています。

さらに、日本で学ぶ外国人留学生の数も増え続けています。近年、アジアを中心に、日本で学びたいと熱望する外国人が激増しているようです。現在、日本留学ブームの渦中にあるといってもいいくらい、若者の日本熱が高まっている国も多くあります。2016年の外国人留学生の数は23万9287人。前年と比べ約15%増えました。このわずか2年で5万5000人以上も人数が増加しています【図4参照】。

このように、近年、日本に滞在する外国人は増え続けており、この流れは日本全体に広がっています。かつてのように外国人は外国に行かなければ会えない人たちではなく、日常的に接する相手

【図3】外国人労働者の年度別推移

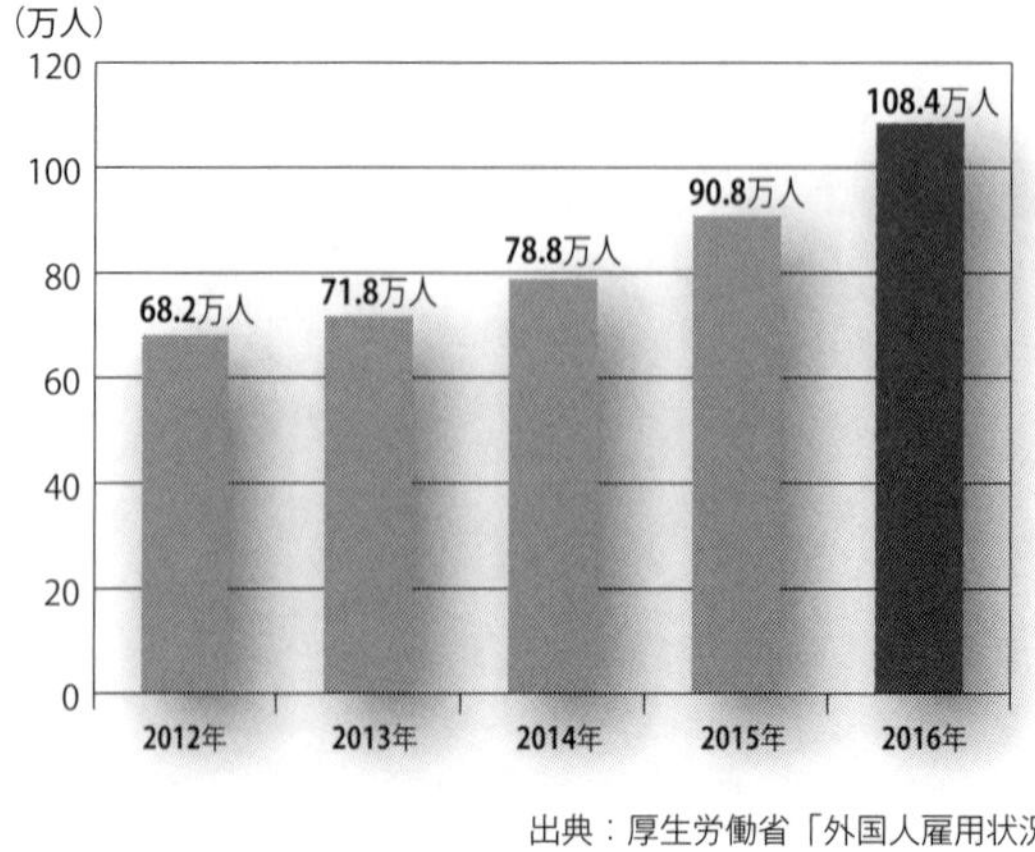

出典：厚生労働省「外国人雇用状況届出」

となりました。街で外国人の姿を目にすることが当たり前の光景になり、日本から一歩も出なくても、私たちは毎日否応なく異文化と接しています。もはや日本人の誰もがグローバル化から逃れられない時代になったといえます。

【図４】外国人留学生の年度別推移

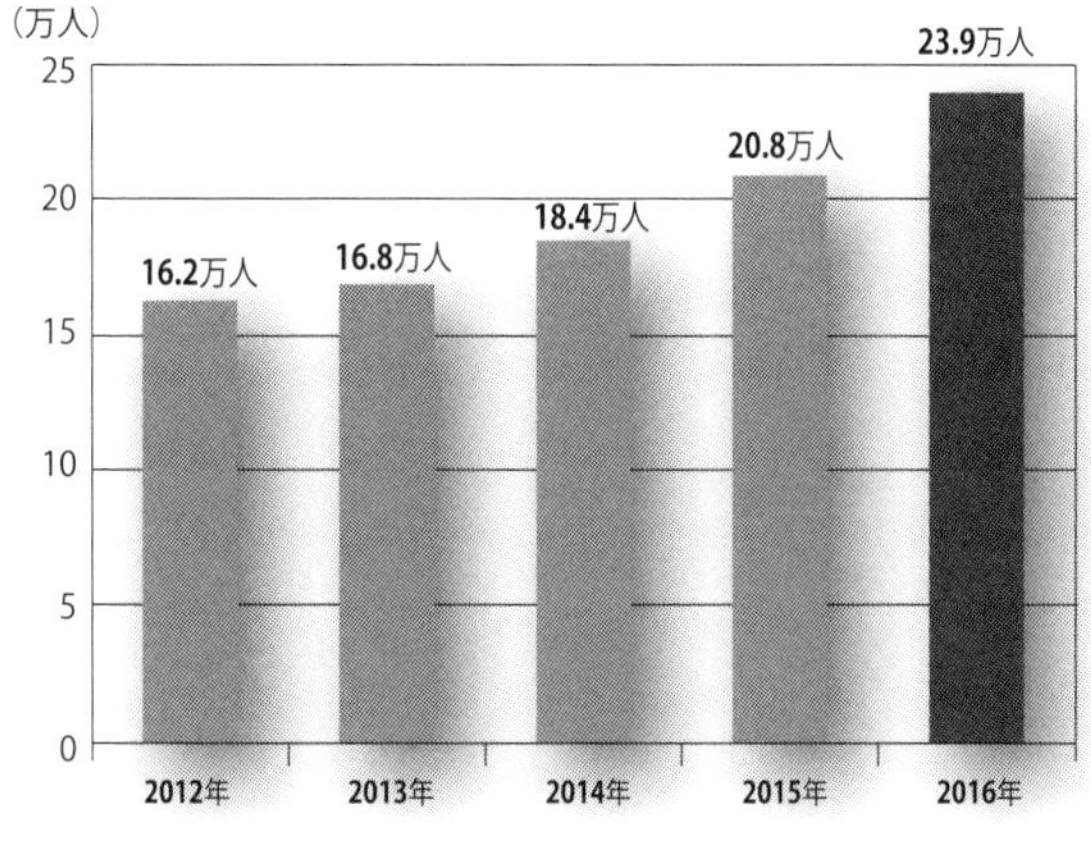

出典：独立行政法人日本学生支援機構（JASSO）「外国人留学生在籍状況調査」

第2章

特殊な日本人が生んだ
高いおもてなしレベル

日本は世界で唯一の「お客さまが神様」の国
～もてなされて当たり前と考える人を相手にしている～

「お客さまは神様です。あなたの給料はお客さまからいただいているのです。だからお客さまは神様だと思いなさい」日本人上司からこう言われて、すぐに納得する外国人販売員はあまりいないでしょう。とくに相手がイスラム教徒やキリスト教徒であれば、きっとこう反論するはずです。「神は唯一絶対の存在で、客が神であるはずがない」と。

そもそもこのようなたとえのなかに、神という言葉を持ち出すのは日本人特有です。日本は八百万の神を奉る多神教の国。そのため日本人は、いろいろな神が共存することにあまり違和感を覚えません。一方、一神教の宗教を信仰する外国人にとっては、目の前の人間を神にしてしまう考え方は、まったく理解できないものでしょう。

「お客さまは神様」という表現は、元をたどれば、昭和の大歌手である三波春夫さんが口にしたフレーズです。もっともその意味は、むやみやたらと客にへりくだることではなく、あたかも神前で祈るときのように雑念を払い、澄み切った心で良い芸を見せる、というのがもともとの趣旨でした。

このフレーズは時を経て独り歩きし、今では販売員におもてなし教育をするときの金科玉条の思想として用いられるようになりました。客と販売員の間には厳然とした上下関係があり、「販売員が客と接するときは、どんな相手でも神前にいるかのごとく丁寧に対応しなければならない」という意味合いで使われることが多いようです。

日本でこのような考え方が根づいた背景には、日本の集団主義が関係しています。日本人はまずは自らを集団の一部と位置づける傾向が強く、個人よりも「会社の顔」として振る舞うことが、社会人に求められる要件と考えます。個人の主張や好き嫌いは脇に置き、集団内の役目を果たすのが日本社会のルール。そのため、まずは「会社の顔」としての任務を全うすべきという精神が、販売員に抵抗なく受け入れられるのです。

またこの考え方は、客が自分の立場を主張するときの格好の言い分にもなっています。「私は（神に等しい）客だから、私をもてなす販売員は最高の応対をして当たり前」とばかり、自らの利己的な振る舞いを正当化するための、水戸黄門の印籠として利用されることがあります。「ごく普通のサービスを提供していたらクレームを受けた」というケースがあるのも、この考え方が広く一般に浸透しているからです。

他方、販売員がどんな客に対しても一方的に平身低頭するやり方は、日本以外の国では決して一般的とはいえません。たとえば中国では、客と販売員の関係は対等です。戦後、共産主義国家として建国し、国民皆平等を目指した経緯から、客も販売員も立場は同じという考え方が、老舗の店や年配者の間で今でも色濃く残っています。田舎の一部地域ではむしろ、「商品を提供している販売員のほうが立場は上」と考える風潮もあるくらいです。

最近は、中国でも海外生活でグローバルスタンダードを身につけた若者が増えているため、徐々にこの考え方は変わりつつありますが、今でも客と販売員との関係は、日本に比べればはるかにフラットです。販売員が「会社の顔」で客と対峙するのでなく、あくまで個人対個人の関係で応対するのが中国流の接客といえます。

また、フランスの販売員も不愛想なサービスをすることで有名です。「ニコニコしながら仕事をして、奴隷のように働いていると見られるのがイヤだから」というのがその理由です。プライドの高いフランス人販売員にとっては、お客さまの満足よりも、自分の体裁のほうがはるかに重要なのです。

販売員が常にこのような態度ですから、客は彼らに対し、はなから過度な期待を持っていません。そして、販売員から上質なサービスを受けたいときは、期待どおりの効用が得られる手っ取り早い手段を選びます。それは、チップを大盤振る舞いすること。フランスでは、受けるサービスの質は支払うお金次第でいかようにも変わるのです。

この点、どんな相手にも神前にいるかのように対応する日本のサービスの考え方はきわめて特殊です。間違いなくこんな国はどこにもないでしょう。換言すれば日本のサービス提供者は、世界で唯一、常にもてなされて当たり前と考える人を相手にしているのです。世界の販売員のなかで最もレベルが高く、難しい仕事をしているといっても過言ではありません。

キーワードは「同質性」と「集団主義」
～優れた販売員は「察する能力」が高い～

ほぼ単一民族国家の日本は、世界的にみてきわめて同質性の高い国といえます。これは、海に囲まれた島国で、歴史的に他民族から一度も侵略されたことがないという地政学的要因も大きく影響しています。日本のような同質型社会では、メンバー間の価値観や考え方が近いことから、できるだけ対立を避け、調和を重視する意識が強くなる傾向があります。

この点に関して、ＩＮＳＥＡＤ客員教授のエリン・メイヤー氏が興味深い分析をしています。意見の衝突が起こった場合の対応法について国際比較をしたところ、最も「対立回避型」の傾向が強い国に位置づけられたのが日本でした。ドイツやフランスのような、議論を通じてより良い結論を導こうとする「対立型」の国とは異なり、和を乱さないよう相手に合わせて振る舞うのが対立回避型の国の特性です。

数年前テレビの情報番組で、ある面白いデータを紹介していました。それは、「世界謝らない国ランキング」という国際比較データ。「自分が間違った場合でも謝りたくない」と答えた人の割合が多い国を順位づけする内容で、日本は対象40か国中30位でした。番組では、日本は世界のなかでもすぐに謝る人の割合が多い国の一つと結論づけていました。

同質性の高い日本人は、対立を回避するためなら自分に非がなくても気軽に謝罪の言葉を口にします。日本人の人間関係の基本は、あくまで調和。良いコミュニケーションを維持するためなら、場合によってはメンツやプライドを捨てることだって厭いません。日本が世界的にみて「すぐに謝る人が多い国」というのは、こうしたベースが日本人にあるからなのです。

また、日本は集団主義の特性が強い国といわれます。ルース・ベネディクトが書いた日本文化論の古典的名著、『菊と刀』のなかでも、「他人に気を配り、集団を尊重し、常に和を保とうとするのが日本人の特徴」と書かれています。なぜ日本が集団主義の特性を持つようになったのかは諸説ありますが、稲作文化を起源とする説が有力です。米をつくるには灌漑などでほかの人の協力が必要なため、いやがおうにも集団主義的な傾向が高まっていったのです。

集団主義の特性を持つ日本人は、規律や秩序を好み、常に周りに配慮したコミュニケーションを心がけます。時には自分を犠牲にしてでも、全体の利益に貢献しようとすることもあります。集団のなかでは、言葉を重ねなくても相手が何を考えているかを察し、先回りして相手の望みに対応できるタイプが、機転が利く人として好まれる傾向があります。

このような二つの特性を持つ日本においては、販売員に必要とされる要件も、当然のことながら他国とは異なります。同質性と集団主義によってもたらされる販売員の要件をひと言でいうと、お客さまが何を欲しているかを察し、的確にそれに応える能力。つまり販売員には、その場の空気を読んで常に先回りをする能力が求められます。今流行りの言葉でいえば、「忖度する力」が必要になるのです。

最近、販売の現場では、声かけを自粛する「話しかけない接客サービス」が増えているといいます。お客さまが自由に商品を選びたいと思っている場合は、一切接客しないことも販売員の応対のバリエーションとして求められるようになりました。お客さまの接客に対するニーズが多様化している現在、販売員の察する能力は、今後ますます重要性を増してくるのではないでしょうか。

加えて、できるだけお客さまとで対立する場面をつくらないことも重要です。たとえば優れた販売員は、お客さまの申し出を断るとき、対立を生まないために「できない」と言わず「難しい」という表現を使います。また、自分と相手との間に境界線を引かないよう、会話のなかで「私」「あなた」という言葉をあまり繰り返さないといいます。販売員には、接客コミュニケーションにおけるこうした危機管理能力が必要になるのです。

同質性と集団主義に基づくこれほどまでに繊細な応対は、日本人の特性をよく理解していない外国人からすれば、とても難解なコミュニケーション方法にみえるでしょう。そして実際、外国人が察する能力を修得するのはそんなに簡単ではありません。日本のサービス提供者が日常的に行っている接客応対は、他国と比べ、はるかに複雑で次元の高いコミュニケーションスタイルなのです。

「和の精神」が日本人の考え方の基盤
～優れた販売員は瞬時に客と「和」を築く～

欧米の初等教育にあって日本にはないもの。それはディベートの授業です。日本人の多くは自己主張が少なく、討論を苦手にしています。皆さんの周りでも、意見の衝突によって場の雰囲気が壊れたり、和が乱れたりすることに抵抗がある人が多いのではないでしょうか。もし多数派と違う自分の意見を押し通そうとすれば、「あいつはKYな（空気が読めない）やつだ」と、陰口をたたかれてしまうのがオチです。その必要性が叫ばれながら、なかなか初等教育にディベートが取り入れられないのも、「できれば対立を回避したい国民性」が歯止めをかけているのです。

この点、欧米においては意見を戦わせるのが日常であり、自分の意見が多数派と違っても気にせず主張を繰り広げます。そして討論が終われば、ケロッとした顔で世間話や芸能人のゴシップネタを始めたりもします。主張をぶつけ合うことで最善の結論が導けるという信念を持っていますから、こうした振る舞いも当然です。日本人とは討論に対する考え方が根本的に違うのです。

対立を好まない日本人の国民性の基盤には、「和の精神」があるといわれます。古事記や日本書紀などの日本神話には、争い事を避け、話し合いを重んじ、共存共栄を目指す「和の精神」がさまざまな形で描かれています。この時代は、たとえ近隣同士でいざこざがあったとしても、集落の長が仲介し、「まあまあ、そこは穏便に」と話し合いで決着させるのが常でした。古くから日本人のＤＮＡのなかに、できるだけ争いを避けようとする和の精神があったことがわかります。

和の精神といえば、「和をもって貴しとなす」という聖徳太子の言葉が有名です。日本人に最も知られたフレーズの一つといえます。１５００年近く前につくられた「十七条憲法」のなかにあるこのフレーズは、相手の立場や言い分を認め、互いに譲るべきときは譲り合うことを奨励しています。調和や融合によって共存共栄を図っていこうとする精神は、この時代から根づいていた日本人の基盤をなす特性なのです。

こうした特性が日本人に形成された背景には、日本の温暖で湿潤な気候が影響しています。

日本列島は四季の変化に富み、雨量が多く、国土の約70％が森林に覆われています。海や山の食べ物が豊富で、猛獣が少なく、とても住みやすい生活環境にあります。このような風土が人々の心理に影響し、しだいに「和」を好む性格が形成されてきました。世界でもユニークなこの精神性は、日本特有の自然環境のなかで発達を遂げてきたのです

日本人の和の精神は、当然のことながら、販売員の応対方法にも反映されています。販売員が心がけるべき重要なポイントは、いかにお客さまと速やかに調和するかということ。優れた販売員は、お客さまとの「和の築き方」に非常に長けています。

たとえば無用の対立を生まないため、どんなにお客さまが間違っていようとも販売員は面と向かって異を唱えることはしません。会話のなかで自分の意見を一方的に押し通すのではなく、常に落としどころを見つけようと心がけます。こういった心配りは、日本の販売員がお客さまとの意見のぶつかり合いを避けるために、日々当たり前のように実践している接客手法です。

ちなみに中国では、「はっきり言うほうがお客さまに対して親切」と考える販売員が多いで

す。たとえ相手がお客さまであろうと、試着している服がいまひとつであれば、「あなたにその服は似合わない」とはっきり言い放ちます。いいかげんなことを言うよりも、本音をストレートに伝えたほうがお客さまのためになるというのが中国人の考え。この点は日本人とはずいぶん異なります。

和の精神は、日本人のコミュニケーションスタイルのベースともいえるものです。日本のお客さまを相手にする販売員にとって、これは欠くべからざる要素といえます。そして瞬時に「和」を築ける販売員だけが、お客さまの心からの支持と信頼を得ることができるのです。

共感を求める意識が強い
～販売員に望まれるのは「人間的である」こと～

以前、訪日中国人の団体客が多く訪れるドラッグストアに行ったときのこと。店内を歩いてふと気づいたことがありました。それは、客の数に比べて販売員の数がやたら多いということ。それもネームプレートをみると、ほとんどが中国人の名前です。３００㎡くらいの手狭なフロアに、数えただけでも10名以上の中国人スタッフがいました。

日本人マネージャーとおぼしき人物に、この違和感をさりげなく伝えると、苦笑を浮かべた顔つきで次のような答えが返ってきました。

「日本人のお客さまであれば、ご自分で商品を探していただけるのであまり接客は必要ないのですが、中国人のお客さまの場合はそうはいきません。きめ細やかな接客をしないとクレームにつながります」

「たとえば、『この商品は中国に送ることができるのか』『日本でどのくらい売れているのか』といったふうに、商品に関する細かい質問が飛んできますので、逐一説明が必要になるのです」

中国人観光客の多くは、買うべき商品を事前にネットで調べてから来店するといいます。現に私が店内でみたときも、彼らは一様にスマホを取り出し、そこに載っているパッケージ写真と陳列してある商品のデザインを何度も見比べていました。もっぱら彼らが販売員に望むのは、欲しい商品をすばやく見つけてくれることであり、必要な情報を正確に教えてくれることなのです。

このように、客が販売員に「迅速かつ正確に対応してほしい」と望む場面は日常的にあります。買い物の時間が限られた中国人の団体客の場合は、とりわけこの傾向が強くなるようです。もっとも、このことは必ずしも中国人に限った話ではなく、日本人客だって販売員に「迅速な対応力」や「正確な情報提供力」を求める場面はよくあるでしょう。とくにセルフサービス形式の業態であれば、こうしたニーズが強くなるのは間違いありません。

しかし日本人客の場合はこれだけでは十分でなく、迅速性や正確性以外にも、販売員が必要とされる重要な要素があります。それは、お客さまと心を通い合わせる「共感性」。換言すれば、お客さまに「この人から買いたい」と思わせる人間力が求められます。たとえ迅速で正確な対応をする販売員だったとしても、「この人から買いたくない」と思われてしまえば、なかなか販売には結びつきません。

この点に関して、アメリカン・エキスプレス・インターナショナルが行った興味深い調査結果（世界9市場で聞く顧客サービスについての意識調査2017）があります。「顧客サービスを担当するプロの態度として最も重要と思われるものは」との問いに、ほとんどの国で「質問にすばやく対応する効率性（迅速性）」が断トツでトップに挙がっていたのに対し、日本だけは、「真心こめて顧客に接する礼儀正しさ」と「パーソナルな態度で顧客に接する人間らしさ」が1位、2位に挙がっていました【表1参照】。日本人がどこの国の人よりも、販売員の人間力を重視していることがわかります。

これは、日本人が求める平均的なサービス水準が他国よりも高いことがベースにあるのでしょう。つまり日本人にとっては、迅速性や正確性はある意味、当たり前のサービスであり、販売員が持っていて当然のスキルです。もう一段、高いレベルのサービスが伴わなければ、日本人客が心を動かすことはありません。マズローの欲求5段階説でたとえれば、日本人のサービスに対する欲求は、すでに「物理的欲求」から「精神的欲求」の段階に移行しているのです。

日本のお客さまは、販売員に共感を覚えて初めてその販売員から買おうと決断します。販売に結びつくかどうかは、もっぱら販売員のパーソナリティにかかっています。その意味で、販売員の仕事というのは、自らの人間力を売り込む仕事ともいえるのです。

【表１】「顧客サービスを担当するプロの態度として最も重要だと思われるものは？」

	米国	カナダ	メキシコ	イタリア	英国	インド	香港	シンガポール	日本
●効率性（迅速性） 質問にすばやく対応する	32%	32%	38%	25%	30%	36%	39%	32%	16%
●情報提供力（正確性） 相談相手として頼りになる	10%	10%	19%	14%	10%	19%	10%	14%	20%
●礼儀正しさ 真心こめて顧客に接する	20%	21%	12%	11%	18%	11%	32%	16%	28%
●人間的 パーソナルな態度で顧客に接する	16%	18%	10%	8％	21%	15%	8％	18%	22%
●権限力 自分一人で要求を完結できる	22%	19%	21%	42%	22%	19%	11%	20%	14%

出典：アメリカン・エキスプレス・インターナショナル「世界９市場で聞く顧客サービスについての意識調査 2017」著者により一部表現を修正

誰もが自分をいちばんにしてほしいと思っている
～「ながら接客」は嫌悪感を抱かれる～

皆さんがホテルにチェックインしようとしたとき、フロントスタッフがこんな態度だったらどう思うでしょうか？

・電話をしながら応対する
・スマホをいじりながら応対する
・デスクの上を掃除しながら応対する
・スタッフ同士で私語をしながら応対する
・ほかのお客さまと同時並行で応対する

これらは以前、私がコンサルティングをしたビジネスホテルで実際あった応対例です。お客さまアンケートに書かれたクレームで事後に発覚しました。すべて接客初心者がやりがちな、「ながら接客」の代表例といえます。

人は誰しも自分をいちばんに扱ってほしいという願望を持っています。何かのついでに片手間に対応されて、うれしい人はいないでしょう。こうした「ながら接客」をされると、客の心理としては「あなたをいちばんには考えていません」「あなたへの応対が最優先ではありません」と言われているように感じます。とうてい「この人の接客を受けたい」なんて思うはずがありません。

城西国際大学の岩本英和助教によれば、茶道におけるおもてなしは、「亭主は、客のために一身に濃茶を練り、その心を感じ取った客は心から感謝の気持ちを礼に込める」ことで生まれるといいます。本来おもてなしとは、まず客を思いやる気持ちがあり、客もその厚意を感じて感謝する、互いに心地よくなるための心づかいにその真髄があります。

他方、先述の「ながら接客」のなかには、思いやりも感謝の気持ちもありません。このような応対におもてなしのカケラもなく、むしろやらないほうがいいサービスとさえいえます。接客応対は常に、「あなたに最善を尽くしている」という気持ちが伝わらなければならないのです。

「自分をいちばんにしてほしい」のは、なにも日本人に限ったことではありません。この心理は万国共通で、なかには日本人以上にこの思いが強い国も多くあります。中国人あたりはその代表といえるでしょう。中国国内では冒頭に紹介した「ながら接客」は、有名デパートの販売員でも頻繁にやることがあります。先述のとおり、中国では客と販売員の関係が対等で、販売員が無償でお客さまに奉仕するという発想をあまり持っていません。そのため、到底サービスとは呼べないおざなりな対応をするケースは今でも日常的にあります。

しかし本来、中国はメンツ至上主義の国。中国人はメンツをつぶされることを最も嫌います。中国人は「自分が大事にされ、相手から立ててもらっている」と実感して初めて相手に心を開きます。「ながら接客」を良いと思っているはずもなく、実際のところは、「どうせ文句を言っても変わらない」とあきらめている人が多いのではないでしょうか。

この点に関して、先日インタビューした30代の中国人男性が、客をいちばんに考える日本のおもてなしについて、熱い口調でこう語ってくれました。

「新宿にある、ごく普通のビジネスホテルに家族で宿泊したときのことです。浴室のタオルが一枚足りないことに気づき、フロントに連絡して持ってきてもらったのですが、そのとき、一枚のタオルをたたんで両手の手のひらに乗せ、それを頭の高さまで持ち上げて、まるで皇帝に貢物を献上するようなしぐさで大事そうに持ってきたんです。その対応を見ただけでもうびっくり。自分のためにどれだけ礼を尽くしてくれているかがわかりました。言っちゃなんですが、このクラスのホテルの担当者が、たった一枚のタオルをそんなふうに届けてくれるなんて。こんなこと中国ではこの先100年経っても絶対にあり得ないことです」

「ながら接客」に嫌悪感を抱き、自分に対し真摯に向き合ってくれる販売員に心を開く。客としてのこういった心理は、どの国においても変わらない万国普遍の定理といえます。常に販売員は、「誰もが自分をいちばんにしてほしい」と思っていることを心にとどめておく必要があるでしょう。

日本ではどんな細部にも神が宿る
～商品に雨よけカバーをかけてくれるのは日本人だけ～

「神は細部に宿る」という格言があります。細やかな思いやり、突き抜けたこだわりこそが、人の心を動かすという意味ですが、現在、世界で最もこの考えを仕事に実践している国は間違いなく日本でしょう。初めて日本に来た外国人は、日本のおもてなしのきめ細やかさに、とても驚かされるといいます。

たとえばデパートで雨の日に買い物をすると、買った商品が雨に濡れないような配慮をしてくれます。会計時に販売員から「雨よけのカバーをかけましょうか？」というひと言があり、雨に濡れないビニールを覆った状態で、商品の入った紙袋を渡してくれます。これこそまさに、相手を気づかうおもてなしの真髄を表した日本独自のサービスといえるでしょう。

この対応だけでも十分にすごいのですが、ひとつ不思議なのは、小雨でも販売員は雨の降り始めを知っていること。販売員は窓のない屋内にずっといますので、普通であれば外の天気の変化を知ることはできません。ではなぜこのような対応が可能なのでしょうか。

実はこれにはカラクリがあって、雨が降り始めると館内の音楽が「雨の降り出しを知らせる曲」に変わり、すぐに販売員が天気の変化を把握できるようになっているのです。その曲が流れ出すと、お客さまに雨よけのカバーが必要かどうか確認するのが販売員のルールになっています。これほどまでに繊細でかゆいところに手が届く応対をしているのは、おそらく世界のデパートのなかでも日本だけでしょう。

外国人が日本製のお菓子を食べるときも、そのきめ細やかな気づかいに感心することがあるそうです。私の教え子のタイ人留学生にこの点を訊いたところ、日本の細やかさに対する感動について次のように解説してくれました。

「チョコレートの包装を見ただけで、すぐに日本製かどうかわかりますよ。一つひとつの包装の形や、切り口の開けやすさがタイ製とは全然違いますから。日本製は箱を開封するときの切れ味がよく、すぱっと開けられてとても気持ちがいい」

「私たちの国の製品であれば、中身を小袋になんて分けません。コストがかかりますから。一度に食べきれないのでいくつかに分ける、というきめ細やかな気づかいができるのは、日本のメーカーぐらいではないでしょうか」

仕事の成果物に対する着眼傾向を国際比較したとき、全体感や汎用性を大切にする「全体重視」の国と、完成度を重視し、細かい点までこだわる「詳細重視」の国に分けられます。

アメリカ、イギリス、インドなどが全体重視の代表的な国であるのに対し、日本は最も詳細重視の国に位置づけられます。

たとえば、「新製品のお客さま満足度が72％」という結果を受けたとき、アメリカ人が「満足度が7割であれば成功だ」と手放しで喜ぶのに対し、日本人の場合であれば、「3割近くが満足していない理由を探ろう」と緊急会議を始めてしまうでしょう。詳細重視の日本では「だいたいOK」であればいい仕事などなく、常にパーフェクトであることが求められるのです。

これは日本人が農耕民族であることが関係しています。「米」はその漢字からもわかるとおり、88もの工程を経てつくられます。そのため細かい作業でも手を抜けば、満足のいく米ができなくなってしまいます。万事、細かい点に留意する精神は、古くからの習い性が日本人のDNAのなかに脈々と引き継がれているからなのです。

また、もともと日本人は「不安遺伝子」が強いといわれます。物事のマイナス面に目が行きやすい不安遺伝子を、日本人の90％以上が持っているといいます。日本人が細部まで完璧でないと気が済まないのは、このことも大いに影響しているのでしょう。

詳細重視の精神は、日本のおもてなしを形づくる土台の役割を果たしています。ただこれは、全体重視の人にはなかなか真似のできない特性であり、外国人販売員がおもてなしを実践する際の大きなハードルにもなっています。日本人の細かい点にこだわる精神は、DNAに染みついた習い性です。この特性を教育や指導で修得させるのは、そう簡単ではないかもしれません。

その場で文句を言わないで二度と来ないのが日本人
～お客さまの不快ポイントを的確に見抜くことが重要～

先日、上海の二つ星クラスのレストランに入ったときのこと。隣のテーブルにいた家族連れの中国人紳士が、出された料理についてウェイターに文句を言っていました。どうやら野菜を炒めすぎて、焦げ目が入っていると訴えている様子です。そのクレームを受けた店側はすぐに料理を下げて、10分後には新しく作り直したものをテーブルに運んできました。私はその光景を見て、「味付けを間違えたわけでもないのに。面と向かってずいぶんはっきり文句を言うなあ」と妙に感心してしまいました。

これが日本人だったらどうでしょうか。よほどひどい料理を出された場合でない限り、その場で文句を言う人は少ないはずです。我慢して食べるか、料理の多くを残して帰り、二度とその店には行かないというのが典型的な日本人の行動パターンではないでしょうか。最近であれば、ネットの口コミサイトに匿名でクレームを書く人もいるかもしれませんが、少なくともその場で面と向かって文句を言う人はあまりいません。

日本人の場合、不満を感じている人が100人いたとして、そのうち実際に面と向かってクレームを言う人は、せいぜい4人程度だといいます。これは先述のとおり、「対立を回避したい特性」を日本人の多くが持っていることが大きく影響しています。場の調和を重んじ、できるだけ自己主張を抑えるのが日本人の特性です。とくにこのケースであれば、日本には出された食事に文句を言うのは「はしたない」と考える文化があります。そういった集団主義に根ざした「恥の文化」も、日本人がこのような行動をとる遠因となっているのでしょう。

ただ見方を変えれば、これは店側にとって、非常に恐ろしい特性だということがおわかりになるでしょうか。不満があっても何も言わず帰っていく客のことを「サイレントクレーマー」といいますが、サイレントクレーマーは当然、不快な思いをしているので二度とその店に足を運ぶことはありません。声なき三行半を突きつけて、一方的に店との関係を断ってしまいます。

直接クレームを受けていない販売員からすれば、理由もわからず常連客が突然姿を消し、「なぜあのお客さまが来なくなったのかわからない」という状況に陥ります。自分たちの応対の何が不満を与えているのか気づかないまま、客だけはどんどん減っていく。こうなるともう最悪です。その店は、遅かれ早かれ衰退していくことになるでしょう。

とくに最近はSNSで情報を発信する人が多く、悪い評判はまたたく間に広がる傾向にあります。もともと人はポジティブな情報よりもネガティブな情報を好んで伝えるのが常ですが、SNSの拡大によってその拡散スピードがアップしているからです。そのため、今はサイレントクレーマーが増えれば増えるほど、店の潜在顧客は加速度的に減っていきます。ひと昔前と比べて、サイレントクレーマーによる「被害」がはるかに大きくなっているのです。

そのため店としては、まずはお客さまをサイレントクレーマーにしないことが重要です。お客さまに不満を与えないよう現状の接客をいま一度見直す必要があるかもしれません。そして、もし何か不快にさせている要素が潜んでいるのであれば、その点を徹底的に修正していく姿勢が求められます。

また、もしお客さまを不快にさせるようなことがあった場合に、その不快ポイントを把握できるような仕組みをつくることも重要でしょう。何に不満を感じているかお客さまに言ってもらえるような環境にするのです。たとえばある焼肉チェーンは、「アンケートに接客の不満を書いてくれたお客さまには割引券を進呈」というサービスを取り入れて話題になりました。割引券で次回の来店促進が図れるうえ、お客さまの不快ポイントをリサーチできるという、一石二鳥のよく考えられた施策だと思いました。

その場で文句を言わないで二度と来なくなるのが日本のお客さまの特性です。そして今は、こうしたサイレントクレーマーが店に多大な被害をもたらす時代になりました。販売員としては、お客さまの不快ポイントを的確に見抜き、不満の芽を事前にしっかり摘んでおくことがとても大切なのです。

第3章

国籍別のおもてなし現在地

国ごとの常識を知るのはこんな意義がある

私たちは特定の国の人を評価するとき、今まで自分が出会ったのがどんな人か、その国でどのような経験をしたのかで判断しがちです。これは日本人同士の場合も同様です。「あの人は○○県出身だから……」とか「○○世代だから……」といったレッテルによって、つい個人の性格や能力まで決めつけてしまいます。当然ですが、どんな集団や組織にもいろんな人が混じっていて、素晴らしい人もいればそうでもない人もいます。

そして、いったん「○○人はこうだ」という先入観を持てば、そのイメージから逃れられなくなるので厄介です。一度抱いてしまった先入観が、思考の柔軟な軌道修正を妨げてしまうからです。相手が自分の先入観とは違う言動をしたとしても、「彼は○○人には珍しい」とばかり、あくまでそれを特別なケースと結論づけてしまうでしょう。

またレッテルの貼り方について、「○○人は良いか悪いか」といった単純な二元論で国民性を語るのはとくに危険です。人間は自分がやってきたことは正しいと思い、そうではないケースを間違っていると決めつけてしまう性向があるからです。やってきたことに差異の多い外国人に対しては、どうしても「理解できない」「よくわからない」と結論づける場合が多くなります。

このように、部分的な違いを持ち出して国民性にレッテルを貼るのは危険であり、本来はあまりすべきでないと思います。しかしながら本書では、あえてこれから国籍ごとの際立った特性の違いを述べていきたいと思います。それは、次のような「もう一つの危険性」を回避することが理由です。

今、仮に、国ごとの特性に大きな違いはないと考えることにしましょう。国籍はあくまで便宜上の区分けにすぎず、人間の本質は変わらない。〝世界は一家人類みな兄弟〟という観点に立つとします。ただ、実はこのような考えを持つと、外国人と接するときにトラブルやコミュニケーションギャップが生じる可能性が非常に高くなります。

というのも、たとえば「困った人を見たら助けるべき」「周囲とコミュニケーションを深めたほうがいい」といった、人間としてのあるべき姿は確かに万国共通かもしれません。ただ一方で、歴史や宗教に基づく国ごとの「常識の違い」は必ず存在します。どの国にも独自の文化があり、その国の人たちだけがやっている土着の慣習や、宗教に根づいた行動原理というものを持っています。

もし、相手は自分と本質的に変わらないという前提で外国人と接すれば、この「常識の違い」に直面したとき、必ず違和感を覚えることになるはずです。なぜなら人間は、自分のやってきたことはすべて正しく、それ以外の言動をする人は間違っていると決めつけがちだからです。そして結局は、相手に対し、「この人はおかしい」「理解できない」という印象を抱くことになるでしょう。

たとえば中国では、空港でカートが置きっぱなしになっている光景を目にすることがよくあります。中国では必ずカートを片づける担当の係員がいるため、自分で所定の場所に戻す必要がないからです。また、ファーストフード店でも客が食器を自分で片づけることはありません。中国では店員が片づけるのがルールであり、客が自分でやれば店員の仕事を奪ってしまうことになるからです。もし、このような常識を理解していない人がこの光景を目にすれば、おそらく「中国人はなんてだらしないんだ」と思ってしまうでしょう。誤解に基づく新たな先入観が生まれてしまいます。こうした危険性を避けるためにも、国ごとの常識の違いというものを知っておく必要があるのです。

異文化理解は、相手との違いを知ることから始まります。違いを知ったうえでなければ相互のコミュニケーションが深まることはありません。そのため、これから2つの章にわたって国籍ごとの際立った違いを説明していきます。ただ大前提として、今から述べる内容は、あくまで「その国の平均値」であり、例外も数多く存在することはくれぐれもご承知おきください。

中国では客と販売員は対等と考える

以前、上海の露店街にある小さな衣料品店で、ちょっとびっくりしてしまうこんな出来事がありました。一緒に現地を視察していた30代の中国人女性とその店に入ったところ、彼女を一瞥した初老の販売員から、いきなりこんな口汚い言葉を浴びせられたのです。「あら、残念だったわね。悪いけどあんたのような太めの人が着られる服は、この店には置いていないのよ！」

その暴言に面食らった彼女は、苦笑した表情を浮かべながら、「ここはもう出ましょう」と私に辞去を促してきました。ただ、とくに怒っている様子はありません。不思議に思った私が「あんなこと言われて大丈夫なの？」と尋ねたところ、彼女はあっけらかんとした顔で、次のように中国流の接客について説明してくれました。

「太めなのは事実ですから、はっきり言ってくれてよかったです。あそこで無理に小さめの服を買ってもどうせ着られなかったので、お金が無駄になってしまうところでした。あの販売員は、私のことを思って言ってくれたのかもしれません」

「中国では、たとえ客が不愉快に感じることでも販売員ははっきり言うほうが正しいんです。ある意味、これが客に対する礼儀なんですよ。中国人は、むしろいいかげんなことを言うほうが不親切で無責任な対応だと感じるんです」

これが日本人だったらどう思うでしょうか。「こんな対応あり得ない！」と、ほとんどの日本人が販売員の言動に腹を立てるのではないでしょうか。もっとも、そもそも日本では販売員がお客さまにそんな暴言を吐くことはまずありません。相手が嫌がる話は直接的な表現を使わず、婉曲的に伝えるのが販売員の習い性になっているからです。

他方、中国では客と販売員の関係は対等です。戦後、共産主義国家として建国し、国民皆平等を目指した経緯から、客も販売員も立場は同じという考え方が、とくに農村部で今でも色濃く残っています。販売員にサービスの意識はみじんも感じられず、目の前に商品があっても、「今日は売りたくない」と意味不明な販売拒否を受けてしまうことだってあります。また無言で愛想なく釣り銭を投げて寄こすのは、もはや日常茶飯事の接客スタイルといっていいかもしれません。こんな対応に比べれば、冒頭の初老販売員の暴言も、「むしろ親切」といえてしまうのです。

ただ最近は、都市部を中心に中国人の接客に対する考え方は変わりつつあります。これは、さまざまな外資チェーンが中国全土で店舗展開し、「良い接客とは何か」を広く一般に認知させたことが影響しています。日本の有名チェーンでいえば、ユニクロやローソン、セブンイレブンなどがその代表といえるでしょう。ある地方都市のショッピングモールでは、テナントとして出店したユニクロの「常に元気な接客スタイル」をほかの店舗もまねするようになり、モール全体があっという間にユニクロ化してしまったといいます。中国人は、良いものを取り込むスピードと柔軟性には非常に長けています。

また中国社会の急速なスマホの広がりも、店のおもてなしの意識に変化を促すきっかけになっています。ＳＮＳで店のサービス全般に関する情報が活発に交換されるようになり、旧態依然の接客応対をしている店舗は、すぐに糾弾される時代になりました。加えて、国外旅行で優れた接客に触れた人が増えたことも、中国人が販売員の応対にうるさくなりつつある一因となっています。

中国の接客サービスは発展途上の段階で、今はまだ日本のそれとは比ぶべくもありません。ただ中国の変化のスピードはめざましく、ここ最近、急速に接客サービスが改善していることも確かです。中国の接客が日本のレベルに近づく日が来るのも、そう遠い将来のことではないかもしれません。

中国人にとってのサービスは「目に見えるもの」をいう

日本人にとって、「サービス」の定義は多義的です。たとえば、おまけや割引、保証といった金銭的価値の提供も、当然のことながら「サービス」のなかに含まれます。ただ日本人の場合、どちらかといえばこうした金銭的メリットよりも、「無形のサービス」に価値を感じる人が多いのではないでしょうか。何げない気づかいやサプライズなどの目に見えないサービスに、より心を揺さぶられる傾向が強いといえます。

東京・青山に「カシータ」というレストランがあります。この店は、常にお客さまの想像を超えるサービスを提供することで知られ、その感動的なホスピタリティ対応から、別名「奇跡のレストラン」ともいわれています。カシータには接客マニュアルがありません。一人ひとりのお客さまにあった最適なサービスを、スタッフが自発的に提供することを唯一のルールにしているといいます。

カシータでは、過去に店を利用したことのある人から予約や問い合わせの連絡を受けたときは、「○○様、お電話ありがとうございます！」と先に名前を呼ぶよう徹底しているそうです。また、「今回もキノコ類はNGでしょうか？」といったふうに、前回そのお客さまと交わした会話内容をしっかり把握したうえで、電話対応を行うといいます。

なぜこのような対応ができるのかといえば、同店では顧客データをきめ細かく管理し、お客さまの満足度を高めるために活用しているからです。個人の基本情報はもちろん、前回のオーダーメニューやスタッフとの会話内容に至るまで、ありとあらゆるお客さま情報が保管された顧客管理システムがあり、10万人以上のデータが集約されているといいます。このデータを活用することよって、先述のようなかゆいところに手が届く対応が可能になっているのです。

このように、日本人は思ってもみなかったような心づかいに価値を覚えます。店に求めるサービスとして、感動や感激といった心の充足感に重きを置く傾向が日本人には強いのです。相手の期待や想像を超える感動のサービスでなければ、日本人客の心を動かすことは難しいかもしれません。

これに対し中国人は、サービス提供者に「目に見えるメリット」を求める傾向が強いです。無形の精神的充足感よりむしろ、実感できる金銭的価値に心を動かされます。中国人客には笑顔や丁寧な言葉づかいより、割引やおまけが有効です。より即物的な考え方をするのが中国人の特性なのです。

「中国人客がクレームを言ってきたとき、何かサンプル品をプレゼントすればすぐに怒りは収まる」これは、中国人の団体客が多く立ち寄る免税店の販売員が、こっそり私に教えてくれた話です。実感できるメリットがあると、とたんに満足するのが中国人客の特徴だそうです。

同じような話を、別の免税店の人からも耳にしました。彼いわく、ある商品を中国人客が3個買おうとしているとき、プラスで買わせるためのとっておきの方法があるといいます。それは、たとえば「もし5個買ってくれれば、もう1個おまけでプレゼントする」といった対応をすること。中国人は少しでもお得感のあるサービスに飛びつきます。目に見えるメリットが、彼らの購買意欲の源泉だからです。中国はいわずと知れた「メンツ至上主義」の社会。販売員との交渉によってお得な買い物をしたことも、自らのメンツを満たす格好の自慢話になるというわけです。

今中国で、最もサービスが良いといわれている飲食店があります。それは、中国全土に260店舗以上を展開する火鍋チェーン「海底撈火鍋（ハイディラオ）」。このチェーンは、中国では珍しいハイレベルのサービスを提供する店として、中国では知らない人がいないくらいその評判が知れ渡っています。

ただその「サービス」の内容は、日本の店とはいささか趣が異なります。たとえば順番待ちの間には、お客さまを飽きさせないよう無料のネイルサービスや靴磨きが提供され、待合室ではボードゲームで遊べるようになっています。また、お客さまの目の前で披露される「麺打ちパフォーマンス」は、この店の代名詞ともいえるサービスになりました。さらには、トイレのなかに口臭除去剤やクシ、ヘアムースなどが置かれており、好きなだけ自由に使えるようになっています。

これらはすべて「実感できるメリット」であり、「有形のサービス」といえます。このように中国人は、目に見える即物的なサービスを好み、すぐにその場でメリットを感じられるものを欲します。もちろん、無形の精神的充足感に価値を感じることもありますが、中国人を満足させるためには、目に見えるサービスのほうが格段に効果的なのです。

日本人は「おにぎり」、中国人は「チャーハン」に例えられる

台湾人作家、柏楊《はくよう》の著書に、「3人の日本人が集まれば龍となるが、3人の中国人が集まると豚になる」という言葉があります。日本人は3人寄れば組織を形成し、ルールをつくって統制しようとしますが、中国人の場合はすぐにルールを破り、遅かれ早かれ仲間割れを起こしてしまうからです。中国人の志向はトップを目指すことにあり、集団内で協働して助け合う仕事には長けていません。

中国人をひと言で形容すると、「砂浜の砂のような人びと」という表現が的を射ていると思います。ぎゅっと握られているうちは固まっていますが、その手をゆるめると、たちまちばらばらになってしまいます。中国は56もの民族で構成される多民族国家。あまりにも違います

ぎる人がすぐそばに住んでいるのが中国社会の常態であり、すさまじいばかりの多様性があります。この点は、均質性の高い日本人とは対極的です。〝和を以て貴しとなす〟のが日本であれば、〝異を以て貴しとな〟してしまっているのが中国という国なのです。

このような日本人と中国人の対比は、よく「おにぎり」と「チャーハン」になぞらえて表現されることがあります。集団主義の日本人は、一粒一粒は淡白で味気ないのですが、一つにまとまると味わいが出てきます。これはつまり、おにぎりの特徴と一緒です。他方、個人主義の中国人は、チャーハンのように一粒一粒には味がついているものの、決してくっつくことはなく、常にばらばらになるという意味です。

よく日本人のなかに、「中国人同士の会話はいつも声が大きくて、ケンカしているように聞こえる」という人がいます。ただこれも、お互いの立場や育った環境があまりにも違うため、大きな声で繰り返し説明しないと自分の意思を理解してもらえないからそうしているのです。そもそも中国人同士であっても、上海人は雲南省のことをほとんど知りませんし、四川省の人は北京になんの関心もありません。それどころか、まるっきり違う方言を話すので、相手と言葉を通じ合わせることすら難しい場合もあるくらいです。

ところで今の中国は、日本をはるかに凌ぐSNS大国になっています。ほとんどの若者がスマホを愛用し、彼らは四六時中、スマホを手放すことがありません。ただこれも、あまりにばらばらな中国社会だからこそ、その素地が生まれた側面があります。中国は地域や所得、学歴などによる階層が日本の何十倍にも分かれ、それぞればらばらなコミュニティを形成しています。「日本の町内会」のような階層を超えた横断的なつながりはなく、自分と社会との接点は職場や学校、身内だけというのが一般的です。

そういった状況に飽き足らない彼らは、いつしかネット上により広範で有益なコミュニティを求めるようになりました。SNSの発達がその欲求を一気に開花させたのです。最近の中国人の若者は、自分と同じ価値観を持つ仲間をSNS内で求め、そのつながりを非常に重視しています。SNSの口コミ情報が、すべての行動原理を決めるといっても過言でないくらいです。あくまでバーチャルな付き合いにはなりますが、それでも中国人は頼りになる仲間とつながっていたいという思いが強いのです。

余談ながら、中国に行くと中国人同士でよく手をつないだり、腕を組んだりする姿をよく見かけます。大学生くらいの年齢になっても、男女4~5人がぴったりくっついて歩いていたりします。実はこれ、「私は裏切らないからあなたも裏切らないでね。裏切ったら許さないから」というメッセージを、接触することで暗に相手に伝えているのです。いかに中国社会で、頼れる友人を見つけることが難しいかうかがい知れます。

同質的な社会にいる日本人は、この中国人の多様性について、なかなか想像が及ばないかもしれません。ただ自分たちと同じような見方をしていては、チャーハンのようにばらばらな社会にいる中国人の本質を見誤ってしまうでしょう。中国人は、そもそも日本人とは生きている「日常」が違うことを、よく理解しておく必要があるのです。

タイ人の微笑みには13種類の意味がある

「微笑みの国タイ」というフレーズをよく耳にします。確かにタイ人は、どんなときでも微笑んでいる印象があります。もっとも彼らは、必ずしもうれしいときにだけ微笑むわけではないので注意が必要です。なんとタイ人の微笑みには、13種類もの意味があるとされています。

たとえば、タイ人を部下に持つ日本人マネージャーから聞いたこんなケースがあります。

タイ人の部下を叱っているにもかかわらず、叱られている本人はずっと微笑んでいます。そこで、まだこたえていないと思ってさらに叱り続けたところ、先ほど以上に微笑みの度合いが増してきたように見えました。そのため、しまいに「まじめにやれっ！」と怒鳴りつけてしまいました……。

実はこのケース、叱られている本人はかなり怒っていて、怒りを押し殺しながら取り繕おうとした結果、顔がこわばり、どこか微笑んでいるように見えただけなのです。タイ人と接する経験を長く積まない限り、彼らの微笑みの真意を読み解くのはなかなか難しいと思います。ただ少なくとも、微笑んでいれば何を言っても大丈夫、ということはありませんので、タイ人と接する際は十分に留意する必要があります。

またタイ人のコミュニケーションは、常に相手の感情を損ねないよう配慮することが特徴です。彼らは対立や衝突を好まないため、あいまいな表現を多用し、あまり自分の本音をはっきり言うことがありません。タイで働くビジネスマンの間ではよく、「タイ人のマイペンライ」には気をつけろといわれます。「マイペンライ」とは「大丈夫！」という意味。タイ人は、この言葉を非常によく口にします。

日本人同士であれば、相手が「大丈夫」と言えば、その言葉を信じて、それ以上の疑念を挟まなくてもいいかもしれません。しかしタイ人の場合は、相手を慮るあまり、大丈夫でないときでも頻繁に「マイペンライ」と言うので注意が必要です。

私自身も、普段タイ人と接するとき、彼らのこの特徴を実感するケースに結構出くわします。一例を挙げると、以前こんな出来事がありました。

タイ人の教え子に、「訊きたいことがあるので、○月×日、電話できる時間帯を教えて」と訊いたところ、少々言いよどんだ口調ながら、「いつでもOK」という返事を受けました。多少その言いぶりが気になったものの、字義どおり、いつでも大丈夫と思って自分のタイミングで電話したところ、なんだかガヤガヤと騒がしい様子。どうやら彼は屋外で電話を受けているようでした。

「話しても大丈夫？　今どこにいるの？」と訊くと、「大丈夫ですよ。ただ彼女とディズニーランドに来ているので、ちょっと周りがうるさいですけど」との返答。

「えっ、ディズニーランドでデートしているの？　そりゃ大丈夫じゃないでしょ！　なぜ言ってくれなかったの？」

そう問いかけたところ、「ディズニーランドって行列待ちの時間が長いので、十分話せますよ」と、控えめな口調で反論してきました。

「まあ、そりゃそうかもしれないけど……」

タイ人の特性に思いを致し、私はただ苦笑いするしかありませんでした。おそらく彼は、可能な限り私の期待に応えたいという思いだったのでしょう。このようにタイ人は、自己犠牲を払うことで可能になるならば、何食わぬ顔で「マイペンライ」と言ってしまうのです。

タイ人とコミュニケーションをとるときは、「イエス」の返事をそのまま鵜呑みにせず、態度やしぐさを総合的に判断して、本人の真意をはかる必要があります。そしてタイ人の部下をマネジメントする際は、なんでも遠慮せず言うように、何度も本人に働きかけをすることが重要になってくるのです。

ベトナムでは小学校から日本語を勉強している

ベトナムの現在の人口は約9340万人。近い将来、その数は日本を抜くといわれます。平均年齢が30・4歳で、20代以下の割合が50％近くを占める非常に若い国です。ベトナム人の特性をひと言で表すと、実直で勤勉、そして新しいことに積極的にチャレンジしようとする貪欲さがあります。とにかくステップアップしようと必死で、自分を磨くためならどんな労でも惜しみません。

ところでベトナムは、アジアの中でも1位、2位を争う親日国といわれます。ある民間会社の調査によれば、ベトナム国民のなかで「日本が好きな人」の割合は、なんと97％にものぼるといいます。これは後述の台湾をも上回る数字です。とりわけ20代以下の若年層には、日本に対し強い憧れを持っている者が数多くいます。

ベトナム人が親日になった要素はいくつかあります。まずはなんといっても、日本のアニメがベトナム人の日本観を醸成させるうえで大きな影響を及ぼしてきました。なかでも「ドラえもん」は、今でもベトナムの子どもたちに絶大な人気を誇っています。ドラえもんの大好物であるどら焼きは、ベトナムでも類似品が売られているのですが、ベトナム人留学生のなかには、「本物のどら焼きがどんな味か知りたくて日本に来た」と、半ば本気で話す者もいるくらいです。

また日本製品の品質はベトナム人に高く評価されており、日本製品に対する賞賛が、そのまま日本人への評価にもつながっているといわれます。たとえば日本製バイクに対する印象はその代表といえます。ベトナムでは車をはるかに凌ぐ数のバイクが走っているのですが、そのなかで大多数を占めるのが日本製のバイク。とくにホンダのバイクは、耐久性に優れ、長時間使い続けても性能が落ちないことから高い人気を集めています。ベトナムでは一般に、

「ホンダ」という呼び名がバイクを指す言葉になっているくらいです。

「アジノモト」もベトナムでは知らない人がいないくらい有名な商品名です。味の素は、ベトナム人が家庭料理をつくる際には欠かすことのできない化学調味料。どのスーパーマーケットでも常に目立つゴンドラで大々的に展開されています。ベトナム人に言わせると、「味の素はベトナム料理の味つけの基本」らしく、どんな料理にも最初にとりあえず味の素を入れるそうです。

「ハイ、ホンダ！　アジノモト！」

ベトナムを訪れたことのある人なら経験があるかもしれませんが、日本人が街を歩いていると、現地のベトナム人から親愛を込めてこう呼びかけられることがあります。これは、「私もあなたの国の製品を使っているよ」という日本人に向けられたメッセージ。それほどまでにベトナム人は、日本製品に対して特別な愛着を抱いているのです。

またこれ以外に、ベトナム人の親日性が高まった要因として、ベトナムの上位大学で教鞭を執る教授の多くが、ベトナム戦争のときに日本で生活した経験があることも大きいとされます。かつて疎開先の日本で厚遇を受けた彼らが、ベトナム人エリートたちに日々親日教育を施してくれているのです。こういった教育機関の「空気」も、ベトナム人の若者の日本に対する憧れを醸成させる一助になっているのは間違いありません。

日本好きが高じた結果なのか、２０１６年には東南アジアで初めて、小学校で英語と並び日本語を第１外国語とする方針を、ベトナム政府が決定しました。これからベトナム人は、小学３年生から日本語を勉強するようになります。冒頭に述べたように、ベトナム人は新しいことにチャレンジする貪欲さと、常に努力を惜しまない向上心を持ち合わせています。この新しい方針によって、ベトナム人の日本語学習熱はもちろん、日本に対する興味や憧れもさらに一段と高まり、日本を目指す若者は今後ますます増えていくのではないかと思います。

これから日本で生活するベトナム人は増え続け、彼らがなくてはならない存在になっていくことは間違いありません。これほどまでに日本が好きで、日本を理解しようと努めている彼らと、どうすれば最善の関係を築いていけるのか。好かれる一方の私たちの側も、ベトナム人に対する理解をもっと深める義務があるのではないでしょうか。

台湾人は日本人以上に日本のことを知っている親日家

もしあなたが日本人なら、おそらく一度でも台湾に行けば、「台湾人は優しい」という印象を持つようになるはずです。道に迷ったら必ず誰かが助けてくれますし、こちらから値引き交渉をしなくても、相手のほうから積極的におまけをしてくれたりするからです。そしてしばらくいるうちに、どうやらその優しさが、日本人だけに対する特別な感情であることがわかってくるでしょう。そう、実は台湾人は、とにかく日本人が大好きなのです。

「日本人の誇りと喜びを感じたいのであれば、台湾に行くことをお勧めする」。台湾を旅行したことのある多くの日本人がこう口をそろえます。そして、「台湾の親日性は別格」と異口同音に強調します。実際、台湾で「あなたの好きな国は？」というアンケートをとると、断トツ1位で日本の名前が挙がります。２０１６年に日本台湾交流協会が行った調査によれば、「最も好きな国は日本」と答えた台湾人の割合は全体の56％にも達し、2位以下の中国（６％）、アメリカ（５％）、シンガポール（２％）に大差をつけました。

台湾の街中を見渡しても、看板や飲食店のメニューには日本語があふれ、タクシーに乗ればJ-POPや演歌が繰り返し流されています。またコンビニで売られているお菓子や化粧品のパッケージには、至るところに日本語が印刷されています。ちなみに台湾では、店名や商品名にひらがなの「の」がよく使われるのですが、これは「の」を入れることで、なにか日本と関係あるかのように見せているのだとか。「植物の優」「健康の油切」「雲の湯」「深の都」……。台湾の街を歩いていると、こういった「なんとなく日本ぽい」名前が、次から次へと目に入ってきます。

では、なぜこれほどまでに台湾人は日本のことが好きなのでしょうか。その理由をひもとくには、まずは戦前の日本の植民地時代にまで遡らなければなりません。「日本が統治していた時代は本当に良かった。あの時期に、今の台湾の生活基盤がすべて築かれた」。今でも多くの台湾人が、このような想いを持ち続けているといいます。彼らの親日のベースには、「日本人が台湾に近代化をもたらしてくれた」という感謝の念があるのです。

この植民地時代は、国土開発の技術だけでなく、日本の文化や精神性も広く台湾人に伝播されました。台湾民主化の父といわれる李登輝元総統が、「私は22歳まで日本籍だった」と公言してはばからないように、台湾人のメンタリティ形成には日本の存在が大きく影響しているといわれます。この時代に日本語教育を受けた75歳以上の台湾人のなかには、今でも日本語を話すことに喜びを感じる人が数多くいるほどです。

このような社会の下地があるため、現代の若者にも日本の文化は違和感なく受け入れられています。それどころか台湾人の日本好きは、むしろ今の若い世代のほうが熱烈といえるかもしれません。たとえば、２０１７年に台湾の民間会社が行った「理想の母親ランキング」というアンケート調査では、なんと上位トップ5すべてが日本のアニメやドラマのキャラクターで占められました。それほどまでに、日本の文化は台湾の若者の生活に深く溶け込んでいるのです。

台湾では１９９０年代半ばから、日本のアニメやドラマ、Ｊ-ＰＯＰ、日本製品など、日本の文化に熱狂する若者のことを「哈日族（ハーリーズー）」と呼ぶようになりました。「哈」は熱狂的に好きというニュアンスの言葉。わかりやすくいえば、日本のことが好きでたまらないオタクという意味です。この言葉が定着してから20年以上経ちますが、哈日族は時代とともに進化を遂げながら、今でも数多く存在しています。彼らはある意味、日本人以上に日本のことを知っており、常に日本の流行を取り入れたいという欲求を異常なくらい強く持っています。

たとえば哈日族が日本に来たとき、彼らが必ず撮りたがる写真があります。それは、日本で買った商品をすべて並べた記念写真。「最新の日本製品をこんなに買ったよ」と、戦利品の画像をコメント付きでＳＮＳにアップすれば、たちまち仲間から大注目を浴びるからです。彼らはまだ誰も知らない「日本」をいち早く発掘して、仲間に自慢したい気持ちが強いのです。

最後に、補足として「台湾人のおもてなし精神」について言及すると、こうして広く日本の文化や精神性を受け入れていることもあって、台湾人にも日本人と同様のおもてなしの心があります。もっとも、その水準は日本と同じというわけではなく、いくぶん粗さが目立つ中華風のおもてなしではありますが、相手を気づかおうとする意識は強く持っています。

「とにかく親日で、とんでもなく知日。そしてなおかつ、古き良き日本人の心を持ち続けている（持ち続けようとしている）人たち」。台湾人の特性を端的にまとめると、こんなふうに表現できるでしょう。

コラム 1

「ひざつき接客」を死んでもやらない中国人

近年、日本の飲食店が中国に進出するケースが増えています。多くの会社は、日本のおもてなしスタイルを、そのまま現地でも再現しようと試みるのですが、その際に意外なハードルが待ち受けている場合があります。それは、日本式の「ひざつき接客」に対し、現地のスタッフが驚くほど抵抗を示すこと。たとえば、かつて日本の有名居酒屋チェーンが中国に進出した際も、ひざつき接客を定着させるまでにかなりの時間を要したといいます。

これは、昔から中国には〝男儿膝下有黄金（男子の膝には黄金がある）〟という格言があり、男子たるもの軽々しくひざまずいてはいけないと教育されているからなのです。中国人スタッフにとって、膝をつく姿勢を強要されるのは、日本人が考える以上に屈辱的なことなのです。

この点に関して、今年で来日４年目になる中国人留学生が、ひざつき接客に対する中国人の心理について次のように解説してくれました。

「以前、アルバイト先でひざつき接客を強要する店があったのですが、店長と言い争いになってすぐにやめてしまいました。中国人は親の前以外でひざまずくことはまずありません。大げさな言い方かもしれませんが、日本でアルバイトしている中国人留学生のなかで、『死んでもひざつき接客はやりたくない』と考えている人は結構いるのではないでしょうか」

そして、続けて彼はこんなことを言い加えました。「逆に相手が自分に対してひざまずこうとしていたら、たとえ客と販売員の関係だったとしても『やめてください』と言うでしょうね。他人がひざまずくのを見るのも、あまり気分の良いことでありません」「それは例えていうなら、相手が土下座をしながら頼み事をしてきたときの日本人の心理と似ていると思います。その場合、多くの日本人が『なにもそこまでやらなくても』と思うのではないでしょうか」

私たちは心の中で、つい日本人と同じ前提条件に立って外国人を判断してしまうことがあります。この場合における前提条件というのは、「日本人にとっての当たり前が中国にもあるはず」という思い込みです。そしてそういう考え方をするのは、もしかしたら同じ東アジアの国で、見た目や習慣などが非常に似ていることが関係しているのかもしれません。アメリカ人やアフリカ人には、はなから抱かないであろう期待を、中国人には無意識のうちに抱いてしまっているのです。

このひざつき接客の例でもわかるように、外国人に対し行動を促そうとするときは、「相手との前提条件の違い」を事前にしっかり把握しておく必要があるのです。

第4章

国籍別のマネジメント特性

中国人にルールを徹底させる唯一の方法

私が講師を務める中国人留学生の多い学校で起きた、校則にまつわるエピソードを紹介します。思わず笑ってしまうような出来事ですが、これはどの教育現場でも、おそらく日常的に起きている実話です。

留学生にとって授業の欠席数が多いことは死活問題となります。一定の出席率をクリアしなければ、在留資格更新の際に、入国管理局から厳しいチェックが入ってしまうからです。留学生が、たとえ授業を聴く気がなくても、毎日学校にだけはまじめに来るのは、こうした裏事情があるのです。

とはいえ毎晩夜更かしをしてしまうのは、万国共通の若者の常。朝イチの授業に関しては、寝坊で遅刻する学生が少なくありません。ただ遅刻に関しては、ほとんどの学校が「遅刻3回で欠席1回分とカウントする」ルールを設けています。そのため彼らは、「夜更かしはやめられないけど、なんとか遅刻は避けたい」という葛藤を、常日頃から抱えています。
もっとも、この学校に関しては遅刻のルールに例外規定を設けていました。それは、「鉄道会社発行の遅延証明書を提出すれば、遅刻扱いにしない」というもの。電車遅延による遅刻は本人の責任ではないので、大目に見てあげようという学校側の寛大な配慮です。

ところが、このようなルールの運用をしていると、すぐにある現象が起こり始めます。それは、毎日必ず遅刻をして、そのつど遅延証明書を提出する学生が出てくるという現象。とくに中国人留学生のなかに、そういった行動をとる者が多く見られます。ある日、いつものように遅刻をしてきた学生がカバンに忍ばせていた「あるもの」を見つけて、私は思わず目がテンになりました。それは、駅の改札口から鷲づかみでとってきたであろう遅延証明書の束。彼は常に遅延証明書を手元に抱え、毎日確信犯で遅刻していたのでした……。

日本人の場合、会社や学校でルールが定められれば、そのルールは「守らなければならないもの」と考えます。日本人の発想では、ルールというのは組織全体の利益や秩序を守るためにつくられるものであり、ルールを破ることは集団の和を乱す、許されない行為とみなされるからです。

これに対し中国人の発想は異なります。中国人は、ルールとは「誰かが都合よく決めるもの」と考えます。中国では、権力を握る人やお金を持っている人が絶対的に強く、力さえあれば自分に有利なルールをつくることが可能な社会構造となっているからです。ルールというのは、会社であれば経営者、学校であれば理事長や校長が、自らの利益を得るためにつくるものであり、必ずしも組織全体の公平性に配慮して設定されるわけではないのです。

そのため、中国人がルールを守るかどうかの判断基準は二つしかありません。一つは、それを守ることによってどのくらい自分にメリットがあるか。もう一つは、守らなかった場合にどんなデメリットが待ち受けているかです。中国人は常に、「利」で自らの行動を決める習性があります。

日本人であれば、たとえ自分に不利なルールが設定されたとしても、「全体の利益のため、ここは甘んじて受け入れよう」と考える人が多いもの。一方、中国人が着目するのは、ルールを破るとどんな罰を受けるのか、そして、その罰を執行する力を相手が持っているかどうかという点にあります。そのため、どんなに立派なルールを定めても、罰を執行する力がなければ相手に無視されるだけでしょう。

またルールを運用する際は、決してぶれがあってはいけません。日によってむらがある、やたら例外規定を設ける、といった運用をしてしまうと、ルール自体が破綻してしまう可能性が高くなるでしょう。中国には、「上に政策あれば、下に対策あり（上有政策、下有対策）」という有名な表現があります。中国人は常にルールの抜け道を探すことが習い性になっています。大げさな言い方かもしれませんが、中国人は「ルールを逸脱しない形で自分の利益を最大化させるプロ」なのです。

彼らは、ルール運用のぶれを見つけるやいなや、その矛盾をついて自分にも手心を加えるよう求めてきますし、例外規定があれば、可能な限りその抜け道を利用しようと企てるでしょう。冒頭で紹介した中国人留学生の遅刻のエピソードは、その最たる例といえます。

中国人にルールを徹底させるためのポイントは、ルールを守った場合の「利」を感じさせること。そして例外を設けず、ぶれずにとことん原則を貫くことです。日本人のマネジメントにありがちな、なあなあで済ませるやり方は、中国人にはくれぐれも禁物と心得るべきです。

中国人の現代の若者は叱られることに慣れていない

「おい、なにをやっているんだ。しっかりやれ！」
「わからなかったら、そのままにしないで自分から積極的に訊いてこい！」
「ぼーっとしてないで、常に先輩のやり方を観察してワザを盗め！」

中国人部下を持つあなたは、普段こんな指導のしかたをしていませんか？ もしそうであれば、今すぐやり方を変えたほうがいいでしょう。こういった昔ながらの日本式指導法は、現在の中国人の若者にはまったく通用しません。

現代の中国人の若者は、頭ごなしに叱られたり、注意されたりすることに慣れていません。

こうした指導法を続けていれば、「じゃあ、やめます」とすぐに見切りをつけられる可能性が高いでしょう。人によっては、叱られたとたんに仕事をほっぽり出して、二度と職場に来なくなるかもしれません。

中国に「八〇后（バーリンホウ）」という言葉があります。中国人なら知らない人がいないくらい有名な言葉で、「1980年代生まれの新しい世代」を意味するフレーズです。彼ら八〇后世代は、1979年頃から中国で実施された一人っ子政策の申し子たちで、改革開放後の安定した中国において、両親や祖父母の寵愛を受けて育ちました。

彼らが育ってきた1980年代以降は、中国の社会や経済が劇的な変化を起こし、すさまじいばかりの高度成長を遂げた時代です。こうした時代背景のなかで育った八〇后は、それまでの世代とは考え方やライフスタイルが大きく変容したといわれます。インターネットやスマホの普及で、常に多くの情報に囲まれていることもあり、彼らはとにかく新しいものが好き。国外の文化や情報を抵抗なく吸収し、消費の最先端を追いかける先進的なマインドを持っています。

もっとも、彼らは驚くほどの温室で育てられてきました。兄弟やいとこもいないため、両親や祖父母の愛情と期待を、自分一人が一身に受ける環境に身を置いてきました。幼少期から、ほとんどのわがままを聞き入れてもらえたといっても過言ではありません。いつしか中国では、傍若無人な彼らのことを、皮肉と呆れを込めて「小皇帝」と呼ぶようになったほどです。

八〇后に共通する特徴としては、我が強い、責任感が薄い、他人への思いやりに欠け協調性がないといった点が挙げられます。我慢がきかず、とにかくプライドだけは高いという面もよく指摘されます。こうした性格が災いして、社会に出たとたん、理想と現実のギャップにショックを受け、精神的に立ち直れなくなる者が多いといいます。

つまり、誰かから頭ごなしに叱られたり、注意を受けたりする経験をほとんど経ずに今に至っている者が多いのです。そのため彼らは、冒頭のような強圧的な指導をとうてい受け入れることができません。また、自分が承認されない状況に陥った経験がないため、突き放されたり、ほったらかしにされたりすると、どうしていいかわからず、とたんに不安を覚える傾向が強くあります。

そしてこれが90年代生まれになると、わがままの度合いはよりいっそう増長します。「九〇后（ジョウリンホウ）」と呼ばれるこの世代は、両親の経済環境にも余裕があり、八〇后よりさらに輪をかけて過保護な環境で育ったため、自己主張が強く、自由気ままな価値観を持っているとされます。私の周りの八〇后世代が、口をそろえて「九〇后は何を考えているのかまったくわからない」と嘆息するくらいですから、そのわがままぶりの程度がうかがい知れるでしょう。

では、このような特性をもつ中国人の若者をうまくマネジメントするにはどうしたらいいのでしょうか。重要なポイントは、とにかくほめることです。まずは彼らの存在や言動をしっかりと承認し、良い行いをした場合には、思いっきりほめてあげるのが有効です。その具体的方法については第7章で詳しく説明しますが、自らを承認しない相手に彼らが心を開くことはないという点は、中国人マネジメントの前提として心得ておく必要があるでしょう。

中国人が給与明細を見せ合う理由とは

社長のあなたが中国人部下のAさんに、こんなことを耳打ちしたとします。「最近Aさんは頑張っているから、今月から給料を1万円上げておいたよ。ただこれはAさんだけの特別措置だから、くれぐれもほかの中国人スタッフたちに話しちゃダメだよ」

それから1時間も経たないうちに、社長室のあなたのもとには、不満を抱えたほかの中国人スタッフたちが駆け込んでくるはずです。Aさんだけが昇給した事実は完全に筒抜けで、その噂はまたたく間にすべての中国人スタッフに広まっているからです。

実は中国人というのは、同僚と給与を教え合うことにあまり抵抗がありません。お互いの給与明細を見せ合うことで、自分が会社からどんな評価を受けているか確認したいと思っているからです。つまり、自分が会社から正当に評価されているかどうかを確かめる手っ取り早い方法が、同僚と給与を比較することなのです。

また中国人の特性として、「自分が正当な評価を受けていることを他人に知らしめたい」という欲求を強く持っています。会社からの評価を自分で確認するだけでなく、そのことを周囲に自慢したいのです。中国人が給与明細を見せ合う行為は、会社から正当な評価を受けている自分を誇示したいという気持ちのあらわれでもあります。

なお、ここでいう「正当な評価」とは、必ずしも等しく分け隔てない評価という意味ではありません。彼らにとって重要なのは、自分がほかのスタッフより優れていると会社が認めてくれていることにあります。そのため彼らは、誰でも平等に評価されるのではなく、できれば自分だけを特別扱いしてほしいという願望を持っています。自分だけが高い評価を受けた事実は、これ以上ない格好の自慢話になるからです。

これは中国の「メンツ至上主義」が大きく関係しています。中国人にとってメンツは命の次に重要なものであり、ときには法や規則を上回るとさえいわれます。ある意味、彼らは給与明細を見せ合うことで、自分のメンツがつぶされていないか確認しているともいえるのです。

中国人がメンツをつぶされたときのダメージは、日本人の場合とは比べものにならないほど深刻です。中国人に対して、「水に流す」という考えはほとんど通用しません。そして一度でも相手のメンツをつぶしてしまうと、そのしこりは長い間残り続けます。日本人のように、「済んだことにはこだわらない」とか「昔の話をぶり返さない」といった気持ちの切り離しが、中国人にはなかなかできないのです。

では、そもそも中国人がこれほどまでにメンツにこだわる理由はなんなのでしょうか。この点について、スズキ元中国代表の松原邦久氏は、ベストセラーになった著書『チャイナハラスメント―中国にむしられる日本企業―』（新潮新書）のなかでこんな分析をしています。

「中国社会では法律は平等に適用されませんので、一旦世間に対する面子が傷つくと、回復するのは至難の業なのです。もし面子を失って何も反撃ができないときには「力のない人間」と評価され、一生静かにおとなしく生きていくしか方法がありません。面子を失ったことはやがて居住地区に広まり、人目を避けて生活するしかなくなります。中国人の面子は生存権にかかわっています」

このように、中国人のメンツへのこだわりは中国社会の根源的な仕組みに根ざしており、そう簡単に忘れたり、妥協したりできるものではありません。そして、メンツにこだわる中国人が最も重視するのが「自分に対する相手からの評価」。目の前の人物から、自分が尊重されているのか、低く見られているのか、中国人は半ば本能的に自分に対する評価をかぎとろうとします。そして自分を尊重する気持ちを感じとると、その相手に好意をもつ一方で、自分が軽んじられていると見るや、とたんに背中を向けて心を閉ざしてしまうのです。

そのため会社としては、中国人スタッフに対する評価には細心の注意が必要です。評価基準に「チームのために頑張った」といったような、主観で決まる表現を使うことは避けたほうがよく、誰もが明瞭に理解できる基準でなければ彼らを納得させることはできません。

これから社長のあなたは、中国人スタッフ同士が給与明細を見せ合う姿を見て、決して「おかしな習慣」などと思ってはいけません。大げさではなく、彼らは自らのプライドと尊厳を守るために、日常的に給与明細を見せ合っているのですから。

タイ人は会社に家族的な風土や雰囲気を求める

「楽しくなければ仕事じゃない！」

タイ人の仕事観を表すと、このひと言に集約されます。とにかくタイ人は、仕事が楽しくなければ働こうとしませんし、力を発揮することもありません。タイ人スタッフに活躍してもらうには、職場に笑顔があふれていることが必須条件となります。

タイ人の価値観や仕事観を象徴するキーワードに、「サバイサバイ精神」という表現があります。サバイとは「楽しくて、気持ちがいい」ことを意味する言葉。自分の心が穏やかであるときに、タイ人はよく「サバイサバイ」と口にします。

このようなサバイサバイの状態は、タイ人が働くうえで非常に重要な要素です。言い方を変えれば、タイ人は、職場で不安やストレスを抱えることを最も嫌がります。まったくやったことのない仕事をする、他人と足の引っ張り合いをしながら競争する、他人に厳しい評価をする。こういった状況に、彼らは不安を感じ、ストレスを覚えます。自分の能力の範囲内で日々楽しく生きる、それがいちばんの幸せと感じているのです。

よく、タイ人は会社に対する忠誠心が薄く、すぐに転職するといわれますが、彼らの退職理由はもっぱら「サバイサバイでない」ことに集約されます。たとえば私の知り合いのタイ人は、最近、「あまりに通勤時間が長いので転職した」と言っていました。本人いわく、ある日、仕事で疲れて電車で帰宅していたとき、「毎日1時間以上かけて通勤するなんて。こんなのもうやめよう」と、ふと強烈に思ったそうです。つまり、仕事の環境がサバイサバイでないと感じたとたん、彼らは迷うことなく次の仕事を探すのです。

逆にサバイサバイになれる信頼できる上司がいて、快適に仕事ができるのであれば、多少給料が安くても、その会社を辞めることはありません。タイ人の大企業志向が総じて低いのも、彼らが会社選びをする際、会社の大きさは日本人ほど優先順位が高くないからなのです。

こうしたタイ人の特性を踏まえると、タイ人に対しては、ひと昔前の日本の家族的経営のようなマネジメントスタイルが適しています。スタッフの誕生日には、日ごろの働きぶりに感謝してプレゼントを渡す。そうしたきめ細かい心づかいは、タイ人の心をつかみます。とくに女性スタッフには花束を贈ると喜ばれるでしょう。

日本では毛嫌いされている社員旅行も、タイ人には効果的です。会社に対するサバイサバイ精神が高まり、その後の仕事ぶりに大きく影響するのは間違いありません。また、冠婚葬祭への配慮はとりわけ重要です。タイでは日本人には想像できないほど家庭の影響力が強いからです。スタッフの身内が結婚した場合や、家族に不幸があった際には、最大限の配慮をしてあげたほうがいいでしょう。そういった誠意にタイ人は心を打たれ、会社に対する忠誠心がグッと高まるのは間違いありません。

会社から大切にされている気持ちを持ってもらうのとそうでないのとでは、スタッフの会社に対する思い入れはずいぶん変わってきます。会社が社員を家族として捉え、大切にし、ともに成長していこうとする気持ちで接すれば、スタッフの側もそれに応えるために頑張ろうと思うようになるのは当然のことです。

たとえば、タイ人を多く活用しているある精密機械メーカーの社長は、毎朝社員一人ひとりに対して、名前を呼んであいさつすることを何年も実践しているといいます。当然のことながら、その会社のスタッフにとって、社長というのは気安く接することができない雲の上の存在です。その人が毎日気さくに声をかけてくれるのですから、意気に感じないはずがありません。この会社では、スタッフに気持ちを伝えるこうした場面を日常的につくることによって、より強固な「家族関係」を構築しているのです。

これからタイ人を活用しようと考えている会社は、まずは自社内に、家族的な風土や雰囲気はあるかどうか見極める必要があるかもしれません。「サバイサバイ」と感じなければ、彼らが活躍することはまずないのですから。

ベトナム人は従順だが意外なほどプライドが高い

近年、日本に住むベトナム人の数が急増しています。日本で学ぶベトナム人留学生の数は、直近で5万3807人（2016年データ）。このわずか3年で4倍近くも増加し、いまやベトナム人は、外国人留学生のなかで中国人に次ぐ第2勢力になっています。

ベトナム人留学生が増えている理由は明白です。それは彼らが、「日本に留学すれば、必ず良い仕事にありつける」と考えているからです。もともとベトナムでは、良い就職先が見つからない場合、付加価値をつけるために大学卒業後に国外留学をする若者がたくさんいました。それが近年、現地の日本企業に就職できればベトナム企業より2～3割年収が高くなることが流布されるようになり、日本に留学したいと考える若者が一気に増加したのです。実際、私の教え子たちにきいても、「ベトナム人にとって、日本に来ることが成功へのファーストステップ」と口をそろえて断言します。

慢性的な人手不足に悩む首都圏のコンビニで、今の最大ターゲットはベトナム人アルバイトだといわれています。そのまじめで従順な性格から、サービス業においても彼らは貴重な戦力になると期待されています。ある大手コンビニチェーンでは、ベトナム人アルバイトの人数を確保するため、首都ハノイに日本に留学予定の学生を集めた研修機関をつくったほどです。つまりは来日後にそのコンビニで働いてもらえるよう、留学前からしっかりマーキングしておこうという算段です。昨今のサービス業の急激な変質ぶりがうかがい知れます。

ベトナム人の特性をひと言で表すと、「従順」という言葉がピッタリ当てはまります。彼らはとても素直で、高い適応能力があります。先日、近所のコンビニに買い物にいったときも、こういったベトナム人の特性がわかる、こんな出来事に出くわしました。

レジで会計を済ませ外に出ようとしたところ、後ろから「すみませーん」という大きな声が……。振り返ると、先ほどレジをしてくれた外国人アルバイトが後ろから追いかけてきます。名札には、「グエン」というベトナム人の名前が書かれてありました。彼は右手を差し出し、申し訳なさそうな表情を浮かべながらこう言いました。「すみません。さっき、お釣り間違えました」。その日本語はたどたどしく、日本に来てからまだそれほど日が経っていないことがわかります。私に1円玉を渡すと、彼は足早に元の場所に戻っていきました……。

実はこの光景、ベトナムではまず見ることはありません。ベトナムでは今でも、1000ドン（5円程度）以下の細かいお釣りは、アメ玉で返すことが結構あります。細かいお釣りのやり取りは、アメ玉で適当にチャラにするのがベトナム流なのです。こういった対応は、小さな個人商店に限らず、大きなスーパーでも日常的に行われています。もちろん細かいお釣りを正確に返すこともありますが、そのケースはそれほど多くはありません。つまりこのベトナム人は、自国であまりやることのない対応を、日本式に合わせてきちんと実践したということなのです。

ベトナムには「寺に入ればその宗派の念仏を唱える」という言葉があります。日本でいえば、「郷に入っては郷に従え」と同じ意味のことわざです。ベトナム人は柔軟な思考力を持ち、異国の文化やルールにすばやく順応しようとします。良い意味でこだわりが少ないのがベトナム人。素直で柔軟性が高い点が、彼らの大きな特性といえます。

ただ一方で、ベトナム人の「意外ともいえる一面」を見過ごしてはいけません。実は彼らはとてもプライドが高く、人前で叱られたり、バカにされたりすることに敏感です。この点にはしっかり配慮する必要があります。以前、日本企業に就職したばかりの教え子と話したときも、ベトナム人の特性が垣間見えるこんなエピソードを教えてくれました。

「昨日、上司に寿司屋に連れていってもらったんですけど、瓶ビールを注ぐとき、『泡が立ってないぞ』って注意されてしまいました。ベトナムでは泡が立たないようにビールを注ぐのが常識なので、そうしたのですが……。あと、寿司の食べる順番がわからず、最初にイクラを注文したら笑われました。こういった文化の違いを一つひとつ理解するのは本当に大変ですね」

彼はちょっと落ち込んでいる様子でした。日本人からすれば、「大したことない」と思うような話ではありますが、プライドの高いベトナム人はこんなことでもすぐに傷ついてしまうのです。そして、彼は何度も「早く成長したい」と口にしていました。一生懸命勉強して、一日も早く日本の文化を完璧に覚えたいといいます。こういう新しいものを吸収しようとする向上心の強さが、ベトナム人のもう一つの顕著な特性といえます。

このようにベトナム人は柔軟性があって従順な一方で、とてもプライドが高く、すさまじいまでの向上心を持っています。ベトナム人をマネジメントする際は、一見相反するこういった彼らの特性を、しっかり理解しておく必要があるでしょう。

ベトナム人のやる気を引き出すには競争心をあおる働きかけが有効

「今月、職場対抗のサッカー大会をやります。優勝チームには豪華景品をプレゼントします！」

ベトナム人スタッフの多い職場でこんなイベントを開催すれば、もしかしたら業務に悪い影響が出るかもしれません。なぜならベトナム人は、仕事そっちのけでサッカー大会の準備や練習を始めてしまう可能性があるからです。彼らは競争心をあおられる、こうしたイベントに異様なほどの情熱を傾けます。

ベトナム人は、賑やかなことが好きな国民性を持つといわれます。若い人材が多いこともあり、競争心を掻き立てられると、「学生のノリ」のような雰囲気になって非常に盛り上がります。また、ベトナム人は常日頃から、良い生活をするために努力してのし上がろうとする向上心を強く持っています。そのため、こうした順位や優劣が明確になるイベントがあると、とたんに競争心に火がついてライバルに負けまいと必死になるのです。

とあるベトナム人スタッフを多く抱える会社では、年末のパーティーでカラオケ大会を行うことを告知したとたん、次の日から、昼休みに歌の練習をするベトナム人の姿が至るところで見られるようになったといいます。会社が用意した優勝景品が「ベトナム行きのビジネスクラスの往復航空券」。「優勝すれば次回の帰省のときにビジネスクラスで帰れる」ことが彼らの競争心に火をつけ、イベントはかつてないほどの盛り上がりをみせたそうです。余談ながら、あまりにもひっきりなしに下手な歌が鳴り響いたため、この会社は何度か近所から強いクレームを受けてしまったとのことです。

こういった競争心をあおる働きかけは、ベトナム人の仕事のモチベーションや生産性を上げるうえでも有効です。たとえば、個人ごとの「販売コンテスト」を実施したり、職場対抗の「クリンリネス大会」を開催したりする。こうした試みは、日本人スタッフの場合よりも、はるかに高い効果をもたらすはずです。私の知人が経営する会社では、このベトナム人の特性を踏まえて、毎年の忘年会で優秀社員の上位10%を表彰するセレモニーを行っているといいます。知人いわく、「ここで表彰されることを目指して、日頃から仕事に取り組むベトナム人スタッフが非常に多い」と、その有効性を力説していました。

もっともこのようなコンテストを実施するときに、注意しなければならない点が一つあります。それはルールを明確かつ公平にすること。優劣をジャッジする際には、決して主観やえこひいきが入ってはいけません。というのもベトナム社会では、コネのある人間が得をする仕組みが幅を利かせており、実力ある者が損をするケースが後を絶ちません。そのためベトナム人は、ルールが公平かどうかを疑う習性が身についてしまっています。彼らに対しては、まずは努力すれば正当な評価が得られることをしっかり示す必要があるのです。

また表彰の際は、相手を大いに「ほめてあげる」と効果的です。根がまじめで純粋なベトナム人は、ほめられると本当にうれしそうな反応をします。これまであまりほめられた経験をしていない若者も多く、彼らはほめられることに新鮮な喜びと感動を覚えます。コンテストで優秀な成績を収めたスタッフには、みんなの前で思いっきりほめてあげるといいでしょう。そのスタッフの仕事に対するモチベーションが、さらに高まることは間違いありません。

一方で、成績が悪かったスタッフを叱咤激励するときも注意が必要です。先述のとおり、ベトナム人はとにかくプライドが高いことを忘れてはいけません。全員の前で恥をかかせるような叱責をしてしまうと、とたんに心を閉ざしてしまう可能性があります。叱責するのであれば、個室に呼び出し、二人きりの状況をつくる配慮が必要でしょう。

競争心をあおる働きかけによって、仕事に対するやる気を引き出す。純朴な性格ながらも強い向上心をもつベトナム人を効果的にマネジメントするには、こういった日本人とは違うアプローチが必要になってくるのです。

韓国人に対してはデリケートな境遇に配慮することが必要

まず皆さんにひとつ質問をします。日本で学ぶ韓国人留学生の多くは、卒業後も韓国に帰らず日本に残りたいという願望を持っているのですが、はたしてその理由がおわかりになるでしょうか？ 当然のことながら、韓国人が他国人と比べて格段に日本好きというわけではありません。日本が好きかどうかに関わらず、韓国人留学生はとにかく日本に居続けたいと考えるのです。ちなみに答えのヒントは、韓国の「競争社会」にあります。

韓国は、日本をはるかに上回る超競争社会です。韓国人の若者は、普段から「スペック（能力・性能）」という言葉をよく口にします。彼らは幼少の頃から、ひたすら自分のスペックを高めることに注力してきました。「資格」や「学歴」といったスペックに飽き足らず、ライバルに差をつけるためなら整形だって厭いません。「容姿」という新たなスペックを手に入れられるからです。とにかく現代の韓国人は、生まれたときからこうした「スペック至上主義」のなかに身を置くことが宿命づけられているのです。

そして韓国では、有名大学を卒業して十大財閥に就職するのが、ひとつの成功の証とされています。韓国社会において、圧倒的な力を持っているのが財閥系企業。サムスン、ＬＧなどの十大財閥の総売り上げ高は、なんと韓国のＧＮＰの８割近くに及ぶといいます。もっとも、十大財閥で働くことができる人は全労働者のわずか3～4％にすぎません。加えて韓国には、十大財閥以外に、就職先におあつらえ向けのセカンドベストがありません。そのため多くの若者が、優秀であるにもかかわらず、就職活動で成功できず、韓国社会の負け組になっているのが現状です。

競争に敗れた若者に残された選択肢は、大きく分けて2つ。韓国社会で「負け組」の烙印を押されたまま生き続けるか、韓国国内の競争の世界から離れて、国外に活路を見出すかのどちらかしかありません。実は日本に来ている韓国人留学生のなかには、こうして韓国社会の競争に敗れて、日本に来ている者が少なからず含まれています。日本と韓国は距離的に近く、すでに多数の韓国人が生活しています。日本に来る心理的なハードルはそれほど高くはありません。そのため彼らは、消極的選択で日本の大学を目指すのです。

ここまで説明すれば、もう冒頭の質問の答えがおわかりになったのではないでしょうか。日本に来ている韓国人留学生の多くは、もはや韓国に戻る場所がないのです。仮に韓国に戻ったとしても、これから「勝ち組」に逆転できる可能性はあまり高くありません。とても優秀であるにもかかわらず、彼らに母国で働くという選択肢はなく、日本で一からキャリアを築いていくしかないのです。

もちろん、日本にいる韓国人留学生すべてが母国の負け組なんてことはありません。日本に憧れを抱いて、あるいは日本の文化や経済を勉強したくて来日した若者もたくさんいます。ただ、そういった純粋な目的で日本に来ている韓国人は、他国と比べると明らかに割合が少ないことは間違いありません。

では、このような事情を抱える韓国人の若者をマネジメントする場合、どのような点に留意すればよいのでしょうか？　結論をいうと、そのポイントは「相手に劣等感を覚えさせる言葉を言わないこと」、そして「ほめる回数を増やすこと」にあります。「おまえは本当にダメだなあ」「しっかりしろよ」といったように、相手の劣等感に塩を塗りこむような発言をするのは、あまり好ましくありません。仮にそれが叱咤激励のつもりだったとしても、本人の屈辱感に火をつけるだけの結果に終わる可能性があります。

韓国は長幼の序を重んじる文化のため、このようなマネジメントスタイルをとったとしても、上司に対して反抗的な態度をあからさまにとることはないかもしれません。ただ、デリケートな境遇にある彼らとコミュニケーションを築くうえで、そのようなネガティブな発言はマイナスの効果しかもたらさないでしょう。

そして韓国人に対しては、第7章で述べるような「ほめ言葉」が有効です。少々大げさなくらいに、事あるごとに相手の善行をほめたたえるのです。繰り返しになりますが、彼らの多くはとても勤勉で優秀です。自分が承認されていると感じると、彼らはグンとやる気を出し、力を発揮するでしょう。韓国人の若者をマネジメントする際は、まずは相手の劣等感を払拭してあげることが重要になってくるのです。

第5章

外国人に日本のおもてなしを実践してもらうための最強メソッド

マネジメントの基本は日本人と変わらない

ここから、外国人スタッフをマネジメントする際の具体的な方法について説明していきます。すべて銀座のデパートで行われているやり方をベースにしており、外国人スタッフと働くすべてのサービス業の皆さんに、気づきをもたらす実践的な内容であると考えています。

私は現在、日本人マネジメント層向けに、「外国人スタッフの指導とコミュニケーション」を指南する研修を数多く行っていますが、その際、「何をどうすればいいかわからない」という声を耳にすることがよくあります。話を聞くと、どうやらそういった方々は、「外国人をマネジメントするために、やり方を大きく変えたり、新たなスキルを身につけたりする必要があるのでは」と感じているようです。

そのとき、私は決まってこう答えるようにしています。「マネジメントの基本は日本人の場合と変わりません。いやむしろ、マネジメントスタイルの根幹をむやみやたらと変えるべきではありません。今までのやり方を、相手に合わせて多少カスタマイズするだけで十分です」と。

異文化と接した経験が少ない人であればあるほど、得体の知れない相手に怖れを抱き、相手のやり方に合わせようと考えがちです。中国人スタッフには中国流に、韓国人スタッフには韓国企業のやり方を取り入れるといったふうに、相手の国籍に応じて、マネジメントスタイルを変えたほうがいいという強迫観念にとらわれてしまいます。しかしそれは間違いです。外国人スタッフは、日本国内で日本人中心のビジネスに従事するのですから、基本的には、彼らに日本式のマネジメントスタイルに従ってもらうことが大前提となります。

そもそも人を動かしたり、誰かとうまくコミュニケートしたりする場合において、そのやり方には一定の普遍性があり、国籍ごとに根本的な違いがあるわけではありません。「自分から愛情を示せば、相手もそれに応えようとする」「信頼できる上司であれば部下は必ずついてくる」といった定理は万国共通のものであり、国籍による例外はほとんどないといえるでしょう。相手の国籍に合わせてベースをアメーバのように変える必要はなく、従来の日本式スタイルを外国人スタッフにも等しく当てはめるのが原則です。

ただ先述のとおり、日本人のコミュニケーション方法はきわめて独自性が高いため、外国人スタッフにそのままの形で適用してしまうと、意思が十分に伝わらなかったり、トラブルが生じたりするようなケースがあり得ます。「察する文化」や「暗黙の了解」はその最たる例で、たとえば「俺の背中を見て学べ」といった昔ながらの日本式マネジメントスタイルは、外国人スタッフにはほとんど通用しません。おそらく多くの者が、自己流のやり方で仕事を進めてしまうはずですし、場合によっては、「これではやってられない」とばかり、すぐにその仕事を辞めてしまう者も出てくるでしょう。

そのため外国人スタッフに対しては、日本式のマネジメントスタイルを部分的にカスタマイズして適用する必要があります。一部だけ日本式の例外をつくるのです。もっとも、そのやり方はそれほど難しくはありません。声かけの際に特定のフレーズを加えたり、指導するときに何度も同じことを繰り返したりといったふうに、ベースとなるマネジメントスタイルに少し手をかけるだけで十分です。日本人同士の場合であれば、わかりきっているので端折る、あるいは相手の気づきに期待してやらないようなことを、外国人スタッフには積極的に実践していくイメージです。特別なスキルは一切必要なく、何ら難しいことはありません。

ただ、ちょっとだけ手間と時間はかかります。これまでやったことのない声かけをしたり、日本人には一回言えば済むことを、外国人スタッフには何度も繰り返したりすることが肝になりますので。この点、外国人マネジメントは、「難しくないけど少しだけ面倒」であることは、あらかじめ承知しておいていただく必要があります。

外国人に気づきを促すことは難しい

突然ですが、ここで問題を出します。次の日本人マネージャーの言葉には、外国人スタッフには使わないほうがいい表現が含まれています。それはそれぞれどの個所でしょうか？

（1）「なんか今日暑いよな。俺は北海道生まれで暑いのあまり得意じゃないんだよ。王さんも中国北部の出身だから暑いの苦手だろ。この部屋、ちょっと暑すぎないか？」

（2）「さっき決まったんだけど、今度の会議で例の販促企画について急遽プレゼンすることになったんだ。グエンさん、時間があったら資料づくり手伝ってくれない？」

さて、どこかNGかわかりましたか？　両方とも、日本人同士であればごく普通のありがちな会話ですよね。ただこれでは真意が伝わらない可能性があります。外国人スタッフには理解しにくい表現が含まれているからです。

まず（1）について、おそらくこの日本人マネージャーは、「エアコンの設定温度を下げてほしい」という思いを伝えるために、このような言葉を発しているのだと思います。直接的な命令表現を避け、今の気分を伝えるだけで、相手が自分の要望に気づいてくれることを期待しています。ただ、これでは外国人に本心を伝えることはできません。予想される王さんのリアクションは、暑いと感じていれば「確かに暑いです」と言い、そう感じていなければ「とくに暑くはありません」と言うだけでしょう。

また（2）については、「例の販促企画」とあいまいに言っても、外国人スタッフは何を指しているのか明確にはわかりません。相手が誤解しないよう具体的に内容を示すべきです。そして「時間があったら」という言い方。おそらくこのマネージャーは、最優先でやれと言いたいのでしょうが、この言い回しではその緊急性が伝わりません。ほかの仕事で手いっぱいであれば、グエンさんは「今は時間がありません」と難色を示すはずです。

日本人は、こういった「あいまい言葉」や「婉曲表現」をよく使います。相手に言外のニュアンスを汲み取ってもらおうとする、日本人特有の表現方法です。私はこれを「甘えのコミュニケーション」と呼んでいます。「外国人スタッフは全然言ったとおりにやらないんだよね」と嘆く人の多くが、このような甘えのコミュニケーションをしています。

これではなかなか真意が伝わりません。あいまい言葉や婉曲表現を外国人が理解できるようになるには、ある程度の期間が必要です。大前提として、外国人スタッフに気づきを促すコミュケーションスタイルは通用しないと思って接したほうがいいでしょう。ポイントは、〝ホンネで〟〝はっきり〟〝具体的に〟〝細かく〟伝えることです。常識や言わずもがなと思われる内容でも、いちいちすべて言語化する必要があるのです。

会話量は、日本人を相手にする場合の5割増しくらいでちょうどいいと思います。遠まわしな表現は避け、ストレートな言い回しを心がけましょう。常に目的、理由を明確にし、5W1Hを端折ってはいけません。意味が伝わっていない可能性を感じたら、何度か表現を変えて説明し直すべきです。

甘えのコミュニケーションをしている限り、外国人スタッフには真意が伝わらず、結果的に二度手間となってしまいます。これでは、仕事の効果や効率を確実に下げてしまうでしょう。もう一度言います。〝ホンネで〟〝はっきり〟〝具体的に〟〝細かく〟。これが外国人スタッフに指示を出す際の、テッパンの大原則なのです。

ルールづくりの基本は「見える化」と「数値化」

銀座のデパートにテナントとして入っている、ある化粧品ブランドの話をします。このショップでは外国人スタッフが増えだした1年ほど前から、スタッフが目にしやすいロッカールームの壁に、次のような「売り場でやってはいけない10か条」を掲示し始めました。目的はもちろんスタッフの接客マナーの改善。最近では朝礼時にも、このルールをスタッフ全員で唱和させているといいます。

★売り場でやってはいけない10か条

（1）売り場でかたまって私語をしない
（2）売り場で腕を組まない
（3）お客さまの前であくびをしない
（4）お客さまの前で不機嫌そうな顔をしない
（5）売り場で飲食をしない
（6）売り場にスマートフォンを持ち込まない
（7）レジ台や商品棚に寄りかからない
（8）お客さま用の椅子に腰をかけない
（9）サンプルを勝手に使わない
（10）売り場の鏡で身だしなみチェックをしない

ごらんいただければわかるとおり、内容はいたって当たり前のことしか書かれていません。日本人スタッフであれば、新人研修で一度説明すれば済むようなルールばかりです。なまじ上司がしつこく繰り返したりすれば、「そんなの何度も言われなくてもわかります」と、スタッフから反発を受けてしまうような内容ともいえるでしょう。

もっとも外国人スタッフに対しては、このようにルールを可視化することは非常に有効です。外国人スタッフの場合、日本語の読解力が低い、あるいは母国と商習慣に違いがあるといった理由から、一度伝えただけでは内容を十分に理解していない可能性があります。そのため、何度もしつこいくらいに伝えなければ、ルールを完璧に順守させることはできないのです。そして何度も繰り返し伝えることによって、いかに上司がこのルールを重視しているかをメンバーにしっかり認識させられるという効果も見込めます。

またこのショップでは、売り場に入るドアの横に、大きな姿見鏡を置いています。鏡の横には貼り紙が掲示されており、そこには目立つ赤の文字でこう大書されていました。

「売り場に出る前に、身だしなみをチェック！　お客さまに恥ずかしくないように、もう一度チェック！」

加えて、隣の壁面にはミニボードに貼られた「月次個人成績表」が掲示されており、スタッフ個人ごとの販売実績と成績ランキングがひと目でわかるようになっています。そして、販売実績の進捗が目標に達していないスタッフの名前が別の紙に羅列され、そこには次のような叱咤激励のメッセージが書かれてありました。

「今月は臨時ボーナスの査定月です。以下のメンバーについては、このままでは臨時ボーナスが支給されませんので、今から必ず売り上げを挽回してください！」

このように外国人スタッフに対しては、「見える化」と「数値化」に留意して、ルールづくりや目標設定をするのが基本です。スタッフ全員で認識を共有できる仕組みができているか、誰が見てもわかる形になっているか、といった点がポイントで、内容が具体的であればあるほど効果的です。この点、重要なルールを壁に貼り出して周知徹底させるやり方は、前時代的ではありますが、外国人スタッフには非常に有効な方法といえるでしょう。

逆にやってはいけないのが、内容が抽象的で、メンバーに意味を考えさせるような指示のしかたです。「これだけ社内で問題視しているのだから、いちいち全部言わなくてもわかるだろう」とばかり、具体的な説明を省いてしまうと、驚くほど何も変わらない結果になるはずです。繰り返しになりますが、「以心伝心」や「暗黙の了解」が外国人スタッフに伝わることはほとんどないと思ったほうがいいでしょう。その点は、ここであらためて強調しておきたいと思います。

耳にタコをつくらせることが重要

「耳にタコができる」という慣用句があります。同じ話を何度も聞かされてうんざりするさまを表す言葉で、日本では古く江戸時代から使われていた表現だそうです。一般にはあまり肯定的なニュアンスはなく、どちらかといえば、相手に対する忌避感や嫌悪感を表すときに用いられる言葉といえます。

しかし、外国人スタッフに対するマネジメント法を考えるときは、この「耳にタコ」が一つの重要なキーワードになります。日本人マネージャーの側からいえば、「耳にタコをつくらせる」ことこそが、外国人スタッフを効果的にマネジメントするためのテッパンの鉄則となるのです。

日本人同士のコミュニケーションには、「一から十まで全部説明しなくてもわかるはず」という暗黙の了解があります。そして、「察する文化」や「あうんの呼吸」で相手が言いたいことを感じ取るのがコミュニケーションの前提になります。受け手は常に、「一を聞いて十を知る」ことが求められるのです。

ただ、この考え方は外国人スタッフには通用しません。そもそも一を聞いて十わからなければならないという意識がないので、はなから期待するのが間違いといえるかもしれません。日本語のヒアリング能力の問題もあるので、一を言っても一に届かないこともあると思ったほうがいいでしょう。

たとえば中国人は話をするとき、何事も大げさに表現するのが習い性になっており、常に話を「盛る」傾向があります。そのため相手側も、聞いているようで実は話の内容を真に受けておらず、軽く受け流すのがクセになっています。どうせ話は水増しされており、はなからすべて事実とは思っていないからです。「一を聞いて十を知る」どころか「一を聞いても0・5しか信じない」のが中国人の特性なのです。

またタイ人やベトナム人についても、一見、日本語がうまいと思って日本人と同じように話していたら、ほとんど何も伝わっていなかったということがたまにあります。過度に相手を慮って、わかっていなくてもわかったふりをするのがこの両国人の特性。そのため、後になってガッカリさせられるケースは珍しくありません。タイ人とベトナム人に関しては、リアクションの様子だけで、「わかっているはず」と一方的に判断してはいけないのです。

そのため外国人スタッフに何か重要なことを伝えようとするときは、話を大げさに強調するだけでなく、同じ内容を耳にタコができるぐらい何度も繰り返さなければなりません。「当たり前のことや常識と思われる内容でも言語化する」「重要なことは最低3回説明する」「理解していない可能性を感じたら表現を変えて言い直す」。こうした点を常に心がけて指導する必要があるのです。

話のボリュームとしては、日本人を相手にする場合の5割増しくらいが目安といえるでしょう。外国人スタッフにはそれくらい言葉を重ねなければ、こちらの意図する内容がすべて完璧には伝わりません。私はこれを「言語化5割増しの鉄則」と名づけ、普段の研修ではそれこそ「耳にタコができるくらい」、日本人マネージャーの皆さんにその重要性を強調しています。

「外国人スタッフはなかなか言うことを聞いてくれないんだよね」と嘆く日本人マネージャーの方は、あらためてご自分の指導方法を見直してみてはいかがでしょうか。その外国人スタッフは、「言うことを聞かない」のではなく、「言うことを理解していない」可能性が高いからです。相手の耳にタコができるほど、一から丁寧にかみくだいて説明すれば、彼らのリアクションは意外なほど変わるかもしれません。指示や説明がまったく不十分であるにもかかわらず、思いどおりに動かない外国人スタッフにイライラしている日本人マネージャーが、実はとても多いのです。

自国と慣習が違うことがあるので注意

これまで何度か述べてきたとおり、異文化理解の最も重要なポイントは、相手との「違い」を受け入れることです。価値観や言動の違った人がいて当たり前と思うことが、外国人マネジメントの第一歩といえます。

外国人と接していると、文化や慣習の違いに戸惑ったり、面食らったりすることがよくあります。たとえばインドでは、通常「イエス」の意思表示をするときは、首をかしげるような動作を繰り返します。日本人が、相手の発言にうなずくのと同じような意味合いでこのジェスチャーをします。ちなみに「ノー」の場合も、「イエス」のときとはまた別のやり方で首をふるので混乱します。この慣習を知らずにインド人と接した人は、ジェスチャーの意味する真意がわからず当惑してしまうでしょう。

逆に外国人が日本人のうなずく姿を見たときも、誤解が生じるケースは起こり得ます。知り合いのベトナム人は、「これは要らないですよね?」と尋ねたとき、相手の日本人が「イエス（要らない）」と首を縦に振ったので当惑したと苦笑していました。こうした否定文の質問に対して首を縦に振られると、とたんに彼らはイエスかノーかわからなくなってしまうのです。

外国人スタッフの発言の傾向や特徴も、日本人とは異なる点が数多くあります。たとえば外国人スタッフが、できないのに「できる」と言ってしまう傾向がある点は、その代表的な例としてよく挙げられます、仕事を振られたとき、日本人は十分な経験がなければ「できない」と言うのに対し、多くの外国人は自分の能力を過信し、時にはハッタリで「できる」と言います。一回でも経験があればまだマシなほうです。なかには自分にはポテンシャルがあるという意味で、未経験なのに「できる」と言ってしまう者もいます。日本人とは明らかに「できる」の定義が違うのです。

これは国籍を問わず当てはまります。日本以外の国は、程度の差はあれ総じてこの傾向があります。アジア諸国のなかでは、とりわけ中国、香港、シンガポール、マレーシア、インドネシア、タイ、ベトナムあたりで、この傾向が強くみられます。

過去の経験を振り返って「できない」と言うのは、日本のような単一民族が主流を占める同質型社会の典型的な特徴です。お互いの価値観が近いので、ウソやハッタリはすぐにばれるという常識がコミュニケーションの前提となっているためです。これに対し日本以外の多くの国は、多民族が共存する異質型社会のため、相手に自分の価値を高く見せなければならないという意識が強くなります。そのため、できないことでも平然と「できる」と言ってのけるのです。

なお、タイとベトナムについてはほかとは理由が異なり、相手を過度に慮る特性があるため、相手を失望させたくないという気持ちから、できなくても「できる」と言ってしまうようです。いずれにしても、はなから外国人の「できる」は「できない」を否定しているだけと思って接したほうがいいでしょう。

日本人マネージャーは、外国人スタッフが本当にできるのかを、その都度きちんと見きわめる必要があります。この「できる」の意味合いは、ハッタリなのか？　誇張なのか？　それとも単なる気づかいなのか？　外国人スタッフを適切にマネジメントするには、日本人の場合とは違った意味での「行間を読む力」が求められるのです。

以上見てきたとおり、外国人スタッフは、日本人とは慣習の違う点があるので注意が必要です。彼らをマネジメントする日本人マネージャーは、「日本人ならこうするはずだ」「日本ではこれが常識」といった意識を脇に置いて、彼らと接する必要があるでしょう。大事なことなのでもう一度言います。「外国人は価値観や言動に違いがあって当たり前」。これが外国人スタッフをマネジメントするうえでの前提となる、最重要ポイントなのです。

マネージャーの「マイルール」を必ず明示する

以前、あるビジネス雑誌の「多国籍社会ニッポン」と題する特集のなかで、「外国人スタッフが感じる日本人上司への不満ポイント」が紹介されていました。そのなかで、とくに回答の多かったものとして次の3点が挙げられていました。

・無口、無表情で何を考えているかわからない、性格がよくつかめない
・ルールや方針に一貫性がなく、言うことがコロコロ変わる
・こまめに説明してくれない、指示が具体的ではない

またこれに関して、日本企業で働く中国人男性のこんなあけっぴろげな意見が記載されて

いました。

「日本人上司のやることは、いつも唐突なんですよね。おそらく自分では、じっくり考えて行動しているつもりなんでしょうけど、ボクらには途中経過を知らせてくれないから、まったくわけがわからないんです。いきなり新しいことをやろうと言い出したり、ボクが以前からやっていたやり方を否定しだしたり。いつも、『なにそれー』という指示が多くてびっくりするんですよ」

これまで何度か述べてきたとおり、日本人が陥りがちなコミュニケーションの落とし穴に、「いちいち言わなくても察してくれるはず」「一言えば十わかるはず」といった、「言わなくてもわかる幻想」とでもいうべき思い込みがあります。理由や目的を説明することなく、「とにかく俺の決定に従え」という日本式のマネジメントスタイルは、上に立つ側にとってはとてもラクチンです。しかし当然のことながら、外国人スタッフにはこのようなやり方は一切通用しません。文化や背景が異なる外国人に対しては、面倒くさくても、いちいち詳しく説明しなければならないのです。そうしなければ、彼らが指示を聞いてくれることはありません。

そこで私が提唱するのが、マネージャーとしての「マイルール」を明示すること。上司として、部下に「やってほしいこと」と「やってほしくないこと」をはっきりと示し、彼らにその内容をしっかり認識させるのです。そうすることによって外国人スタッフは、上司が何を考え、何にこだわっているのかを明瞭に理解できるようになります。

たとえば銀座のデパートのあるアパレルショップの日本人マネージャーは、次のようなマイルールを部下に明示し、徹底させているといいます。

◎やってほしいこと（3点）

（1）売り上げ目標に対するこだわりを持つ。目標未達の場合は、必ずその原因分析をする。
（2）常に笑顔で元気にあいさつをする。不機嫌な顔は決して見せないようにする。
（3）ホウレンソウは一日最低1回行う。問題が大きくなってからでは遅い。

◎やってほしくないこと（3点）

（1）遅刻厳禁。必ず決められた時間の5分前には集合する。
（2）二次クレームを発生させない。クレームの初期対応を適切に行う。

（3）スタッフ同士のトラブルは厳禁。和とチームワークを大切にする。

マイルールの数は、それぞれ3点以内に抑えることがポイントです。あれもこれもと欲張りすぎると、一つひとつのルールの印象度が下がり、効果が薄れてしまいます。またルールを伝えるときは、必ず理由と目的を併せて述べなければなりません。そうしなければ、「この人は、単に思いつきで言っているのだろう」と思われる可能性があります。

そして何より重要なのは、一度決めたマイルールの内容をコロコロ変えないこと。マネージャーの定見に基づいて決めたはずのルールを、あまり頻繁に変更してしまっては、その信念の度合いに疑問を持たれてしまいます。マネージャーは信念にぶれがあってはいけないのです。もしどうしても変更の必要が生じた場合は、その理由を丁寧に説明する必要があるでしょう。

マイルールを明示することは、部下のストレスを軽減させ、彼らの仕事に対するモチベーションアップにもつながるはずです。外国人スタッフとの意思疎通に悩むマネージャーの皆さんは、さっそく明日から自分のこだわりをマイルールとして示してみてください。マネジメントの成果が、おそらく格段に変わってくるはずですから。

やるメリットとやらないデメリットを感じさせる

「私はやるメリットのある仕事しかやりません。メリットのないことをやるのは時間のムダですから」

もし日本人スタッフ同士の間でこんなことを口にすれば、おそらくこの人は総スカンを食らうでしょう。得か損かにかかわらず、与えられた仕事に全力を尽くすのが日本人の美徳と考えられているからです。たとえ今はメリットがなくても、「いつかこの経験が役に立つかもしれない」と信じて、無益な仕事にも精を出すのが日本人の性分といえます。

しかし外国人スタッフに対しては、どれだけ観念的な理想論を訴えても、決して彼らの心を揺さぶることはないでしょう。彼らの多くは日本人よりも即物的な考えを持っています。

常に打算的に物事を判断する、と言い換えてもいいかもしれません。そりゃそうでしょう。彼らは遠く離れた異国から来て、それぞれなんらかの目的や目標をもって日本で働いているのです。彼らには、意味のない仕事に時間とエネルギーを費やす余裕などありません。

そのため外国人スタッフに指示を与えるときは、一つひとつの仕事について、「それをやるメリット」を具体的に感じさせなければなりません。たとえば、ある化粧品ブランドのショップ長は、日本のおもてなしを中国人に教える際に、次のような声かけをすることによって教育効果を上げているといいます。

「日本のおもてなしは、世界的にとても高い評価を得ています。だから、このおもてなしスキルを完璧に習得すれば、○○さんは強力な差別化の武器を手にすることになります。たとえば、○○さんが中国に戻って起業したときも、このおもてなしスキルは必ず経営に生かすことができるはずです。だから一日も早くこのスキルを自分のものにしてください」

余談ながら、この化粧品ブランドは外国人スタッフの離職率が、同業と比べてかなり低いといいます。それはもちろん、待遇や職場環境の要素が大きいのでしょうが、もう一つの要因として、仕事のメリットをスタッフに浸透させていることが影響しているのは間違いありません。

私自身も外国人スタッフ向けの研修の際には、「それをやるメリット」を必ず伝えるようにしています。たとえば「お客さま最優先」の考えを徹底させる場合は、次のようなロジックツリーを示して、彼らの即物的思考をくすぐるように仕向けています。

❶お客さま最優先を実践する　↓　❷お客さまと信頼関係が築ける　↓　❸お客さまとの取引が拡大する　↓　❹会社の業績が良くなる　↓　❺利益が皆さんの給料に還元される
※お客さま最優先を実践すれば、最後は皆さんの利益になります！

「実は皆さんはお客さまから給料をもらっています。お客さま最優先の考えを徹底することが、会社の業績を向上させ、結果的に皆さんの給料を増やすことになるのです。それを怠ると会社は倒産して、皆さんは路頭に迷うことになるでしょう。だから目の前のお客さまを大事にしないといけないのです」

こうやって論理的に説明すると彼らは納得し、「みんなで協力してそうしていこう」という機運が驚くほど高まります。

また、逆に「それをやらないデメリット」を認識させることも有効です。「ルールを守らなければペナルティを科される」「新製品の販売目標が未達であれば確実にボーナスが減る」「クレームを適切に処理しなければ成績評価が悪くなる」といった、ある意味、恐怖心をあおるような働きかけです。

こうしたデメリットを強調するマネジメント方法は、日本人の場合であれば、いたずらに相手を委縮させるだけの結果に終わることが多いかもしれません。ただ、日本人よりも「損得」を重視する外国人スタッフに対しては、確実にプラスの効果をもたらすでしょう。

外国人スタッフは、「利」がモチベーションの源泉となります。自分にとって得か損かで行動するかを決める傾向が強いのです。日本人マネージャーの皆さんは、部下の心に火をつけるメリットとデメリットがどのあたりにあるのか、常日頃からリサーチしておく必要があるかもしれません。

コラム 2

東京ディズニーリゾートのキャストをすべて外国人にできるか

年間3000万人以上の入場者数を誇る東京ディズニーリゾート。日本一といわれるディズニーのおもてなしを支えているのは、通称キャストと呼ばれる応対スタッフ。約2万1000人いるキャストの約9割が、学生を中心としたアルバイトであることはよく知られた話です。

東京ディズニーリゾートには、接客マニュアルというものがありません。キャストは常に、目の前のゲストが何を望んでいるかを考え、その人の思いに合わせて応対します。そのため採用面接では、コミュニケーションの基本である笑顔やあいさつの善しあしのほか、マニュアルに頼らないおもてなしができる人物であるかどうかが、合否の分かれ目になるそうです。

ところで、日本のおもてなしは日本人にしか実現できないことなのでしょうか？　仮に東京ディズニーリゾートのキャストをすべて外国人留学生にすれば、はたして今と同じおもてなしレベルを維持することができるでしょうか？ 私の見解を申し上げると、準備は必要ですが十分に実現可能だと思います。そしてそのためのカギは、外国人キャストが「日本人をどのくらい理解しているか」にあると考えています。

あくまで「日本」ではなく、「日本人」であるところがポイントです。外国人留学生は、少なくとも日本のことはよく理解しています。数ある選択肢のなかから日本を選んだくらいですから、大多数は日本のことが大好きな親日家です。ただ日本を理解しているからといって、日本人のことがわかっているとは限りません。私の肌感覚では、むしろ「日本人のことを理解していない知日外国人」のほうが多数派といえます。

日本は過剰過ぎるくらい相手に気をつかう社会です。日本人のDNAには和の精神があり、これが日本人特有の察する文化や細かい気配りに通じています。また、日本は世界でも特殊なハイコンテクスト文化です。言語以外に、話し方や雰囲気などがコミュニケーション上の重要な役割を果たします。そして接客サービスの場面においても、このハイコンテクストな「察しのコミュニケーション」や「気づかいの精神」が前提となります。

日本に来て日が浅い外国人は、こういった日本人の考え方やコミュニケーションスタイルを十分に理解することができません。学校でも、日本語を学ぶ授業はあっても、日本人について教えてもらう授業はないため、「わからないことがたくさんあるけど、とりあえず郷に従っている」のが本当のところです。

東京ディズニーリゾートが成功しているのは、万国共通の普遍的な接客に加え、日本人特有のコミュニケーションスタイルをうまく駆使しているからにほかなりません。そのため、外国人キャストが最高のおもてなしを提供できるようになるには、このようなコミュニケーションスタイルを事前によく知っておく必要があります。具体的には、日本人の考え方や要求レベル、そして場合によっては、日本の文化や歴史まで掘り下げて理解しておかなければならないでしょう。

もっとも、日本に来ている外国人留学生は総じてとても優秀で、日本人以上に順応性や対応力のある人がたくさんいます。このことを理解するまでそれほど多くの時間を要さないはずです。加えて、コミュニケーションスキルやフレンドシップに関しては、現代の大人しい日本人学生よりも、むしろ外国人留学生のほうが能力は高いと断言できます。日本人のコミュニケーションスタイルをよく理解し、事前にトレーニングさえ積めば、外国人でも東京ディズニーリゾートの最高のおもてなし提供者になることは十分に可能だと思います。

第6章

銀座のデパートがアジア系スタッフのおもてなしレベルを上げるために実践しているルール

《ルール①》
笑顔とあいさつのトレーニングが最優先

ここからは、銀座のデパートが外国人スタッフのおもてなしレベルを上げるために実践しているルールを具体的に説明していきます。難しい内容は一切なく、いたってシンプルで、明日からでもすぐに取り入れられることばかりですので、ぜひ参考にしてください。

まず一つ目のルールが、「笑顔とあいさつのトレーニングを行う」ことです。なんといっても接客業は、笑顔とあいさつが基本です。これができないと話にならないくらい当たり前のことで、接客業に携わる以上、その重要性はどの国籍であろうと変わりません。世界中で展開する某有名ファーストフードチェーンでも、2万5000にも及ぶマニュアルのなかで、最も重要視されているのが「スマイル」だといいます。スマイル効果が売り上げを伸ばすことは、業種や国籍を問わない万国共通の定理なのです。

とはいえ日本式のコミュニケーションは、笑顔を見せる「時間の長さ」が違います。日本人は真剣な商談の際にも笑いを入れますし、バツの悪さを笑顔で断ち切ろうとするケースもあります。どのような状況においても、可能な限り笑顔を絶やさないのが日本式コミュニケーンの基本です。

そのため日本人は、日常的に相手の笑顔を目にする機会が頻繁にあります。普段から、笑顔で応対されることに免疫ができているといってもいいかもしれません。したがって接客の際も、よほど素晴らしい笑顔でなければ相手を感動させることはできないのです。

他方、多くの外国人は、笑いながらコミュニケーションをとる習慣があまりないので、日本人と比べると笑顔の「長さ」が続きません。つまりは笑顔を見せる時間が一時的なものにとどまりがちです。ただ、これでは「笑顔に慣れた」日本人客を満足させることができません。あまりに笑顔を見せる時間が短ければ、「この販売員は自分を歓迎していないのでは」という印象を持たれてしまうからです。

以前、私がこのデパートで調査をしたときも、多くの外国人スタッフの笑顔に「持続力がないこと」が気になりました。最初は笑顔で応対していたとしても、途中から気難しい表情になったり、顔がこわばったりするスタッフが何人もいるのです。とくに、こちらが難しい要求をした場合は、とたんに表情から笑顔が消えてしまいます。たとえ最初に素晴らしい笑顔で接したとしても、途中から笑顔をまったく見せなくなってしまえば、決して相手に良い印象を与えることはできません。笑顔は最後まで続けなければならないのです。

そのため、日々のトレーニングがとても重要になってきます。とにかく、いつでも自然に笑顔が出せるようになるまでトレーニングを繰り返すのが基本です。トレーニングの一例を挙げると、口角を上げるために一日一分間ボールペンをくわえたり、「ウイスキー」と言いながら口をすぼめたり、唇を左右に引いたりする運動が効果的といわれます。こういった訓練を繰り返すことで、笑顔をつくる表情筋が徐々に固定化されてくるはずです。

また、あいさつのトレーニングも必須といえるでしょう。お迎えとお見送りの際の明るく元気なあいさつが、お客さまの販売員に対する印象度を高め、接客の満足感を向上させることは言うまでもありません。ただこれも、笑顔と同じく中途半端なやり方では効果はないでしょう。小さな声でボソボソと声をかけても意味はなく、それではむしろ、お客さまにマイナスの印象を与えてしまうことだってあり得ます。徹頭徹尾、明るく元気でなければならず、そのためにはトレーニングを繰り返さなければなりません。

トレーニングをする際のポイントは、必ず「チームで」行うことです。チーム全体で笑顔やあいさつの質を高め合うのです。近くにいる人の表情や言動を無意識にまねてしまうのは万国共通の性向といえます。笑顔の人を見ると、知らず知らずのうちに自分も笑顔になり、周りに元気にあいさつする人がいれば、自然に自分も良いあいさつができるようになります。笑顔やあいさつのトレーニングは、チームですることによって相乗効果がもたらされ、全体の実効性がより高まっていくのです。

《ルール②》自分なりのベストサービスを考えさせることから始める

外国人スタッフに、頭ごなしに「こういう接客をしてください」と指示しても、決してそのとおりに動くことはないでしょう。指示する内容を納得させない限り、ただ言葉が右から左に流れるだけの結果に終わるはずです。まずは、なぜそれをしたほうがいいのかを懇切丁寧に説明しなければなりません。面倒でも原理原則から説明することが、外国人スタッフをマネジメントするうえでの「基本中の基本」といえます。

そして、外国人スタッフに良いサービスを実践してもらうために、より高い効果を発揮する方法があります。それは、彼らに「自分なりのベストサービスを考えさせる」ことです。


「自分だったらこうされるとうれしい」

「日本人のお客さまにはこうアプローチすると成功する」

「日本のお客さまはこのような情報を提供すると満足する」

こういったベストプラクティスをイメージさせたうえで、現状との差をもたらしている要因は何か、そしてその差を埋めるためにはどんなことをすればいいのかを徹底的に考えさせるのです。


「外国人スタッフは、総じてカイゼンの意識が乏しい」

こうした意見を日本人マネージャーからたびたび聞くことがあります。ただ、これには当然のことながら理由があります。たとえば共産主義のベトナムでは、多少誇張した言い方をすれば、政府からの指示をそのまま受け入れることをよしとする教育が行われてきました。そのためベトナム人は、上から言われたことに疑問を持つ、あるいは良くない点を改めていこうとする意識を、そもそもあまり持ち合わせていないのです。

「なぜ自分で考えて動かないんだ」
「どうして自分なりに創意工夫しないんだ」
マネージャーの側は常にこうしてイライラしているケースが多いのですが、外国人スタッフが思いどおりに動かないのは、ある意味、しかたのない面があります。それは前述のベトナム人のように、そもそもカイゼンをしてはいけない環境で育ったスタッフもいるからです。まずは、「良くない点はカイゼンすべき」という意識を植えつけるところから始めたほうがいいかもしれません。

要は、外国人スタッフには、「自分で考えさせ、自ら行動に移させる」ことが重要です。頭ごなしの一方的な指示では腹落ちせず、腹落ちしていない以上は、行動が変わることもありません。逆に、なぜそれをする必要があるのかが理解できていれば、変化のスピードはとても速いはずです。やるべきことが腹落ちしていれば、驚くほどの対応力を発揮するのが外国人スタッフの特長です。

実際、あるショップでは、こうしたマネジメント方法を実践することによって外国人スタッフからさまざまなサービスのアイデアが提案されたそうです。一例を挙げると、「開店前から並んで待っていたお客さまにお茶のサービスをする」「お年寄りのお客さまには椅子を用意して、可能な限り座って接客する」といったアイデアが出され、実行に移されています。一つひとつは小さなことでも、こうした創意工夫の積み重ねがおもてなしレベルを確実に上げ、お客さま満足度の高い店づくりにつながっていくのです。

もっとも、自分なりのベストサービスを考えさせ、自らカイゼンさせるといっても、当然のことながら「やらせっぱなし」ではいけません。日本人マネージャーの側からも、「こうしたほうがもっと良くなるのでは」というアドバイスを適宜行う必要があるでしょう。自分が考えるベストプラクティスと、日本人のお客さまが求めるサービスの内容に齟齬が生じている場合もあるからです。マネージャーの適切なアドバイスを通じて軌道修正を図るのです。

もしそこで意見がぶつかった場合は、相手が納得するまで、懇切丁寧に原理原則を説明する必要があります。最後はマネージャーの説得力がモノをいいます。基本的にはスタッフの主体性を信じて自分で考えさせながら、適宜、ほめたり、意見を正したりしながら教え込んでいく。こうすることで、外国人スタッフのサービスレベルは必ず向上していくはずです。

《ルール③》良いサービスを体感させる

外国人スタッフにベストサービスを考えさせるうえで、併せてやっていただきたいのが「良いサービスを体感させる」ことです。日本のハイレベルなサービスを、身をもって実感すれば、サービスに対する彼らの定義や考え方は大きく変わるからです。

いちばん手っ取り早いやり方は、先輩販売員が実践しているおもてなしを間近で目にする機会をつくり、自分のやり方との違いを考えさせることでしょう。扱う商材も一緒なので、自らのサービスの改善策を考えるときには、これ以上ない模範例になるはずです。「ああ、こういった声かけの方法があるのか」「こうすればお客さまとの距離を縮められるのか」といった気づきを、数多く得られることは間違いありません。

また、それ以上に効果的なのは、自店以外でサービスが良いといわれる店や商業施設に出向き、そのサービスの良さを実感させることです。たとえば東京ディズニーリゾートは、外国人が日本のサービスを学ぶには格好のロールモデルといえます。東京ディズニーリゾートは、高度なホスピタリティを体感できるという意味では、間違いなく日本有数の場所といえるでしょう。ディズニーの世界の優れたおもてなしを実感すれば、おそらくサービスに対する考え方は大きく変わるはずです。

先述のショップの台湾人スタッフは、東京ディズニーリゾートで体感した、あるちょっとした気づかいにとても驚かされたといいます。彼女は、施設内のレストランで受けた「驚くべきサービス」について、興奮した口調で次のように語ってくれました。

「そのレストランに友達4人で入って、それぞれまったく別の飲み物を注文したんです。たしか、ホットコーヒー、アイスコーヒー、コーラ、オレンジジュースだったと思います。その後、店員さんが飲み物を運んできたのですが、注文を受けた人と運んできた人が別人であったにもかかわらず、それぞれ注文した人の前に注文どおりの飲み物がピタリと正しく置かれたんです。これって、よく考えたらすごくないですか！」

「普通であれば、『ホットコーヒーはどちらさまですか？』とか『オレンジジュースはこちらさまですね』といったふうに、注文内容を確認するのが当たり前だと思うんです。でもその店員さんは、一切確認しないで注文どおりの飲み物をそれぞれの前に置いたんですよ。いったいどうすれば、こんなことができるのでしょうか！」

東京ディズニーリゾートのこうした「気づかれないサービス」を実感することも、外国人スタッフにはとても有意義な学びになるはずです。このような純粋な驚きが、これから彼らが自分たちのやり方を改善したり、新たなアイデアを生んだりするうえでの格好のヒントになるでしょう。

また第3章で紹介した、青山のレストラン「カシータ」のおもてなしも、外国人スタッフに体感させるべきベストプラクティスの一つといえます。お客さまの期待や想像を超える同店のサービスを味わえば、思ってもみなかったような心づかいが、いかに人の心を動かすかがわかるはずです。実際に同店を利用した中国人販売員も、「ここまで感動的なサービスを受けたのは初めて。自分の接客はまだまだレベルが低いと痛感した」と、驚きの声をあげていました。おそらくこの体験が、これから彼女が新たな創意工夫を生み出すためのヒントになることは間違いありません。

最高のサービスを実践するには、最高のサービスを体感すること。言い方を変えれば、良いサービスを知らなければ、自ら良いサービスをすることはできません。多くのベストプラクティスを体感させることが、おもてなし教育をするうえでの基本といえるのです。

《ルール④》日本人の考え方や要求レベルを教える

第2章で述べたとおり、自分をいちばんにしてほしいと考える日本人は、販売員の「ながら接客」に嫌悪感を抱きます。私自身も普段、決して頻度は多くないものの、さまざまな場面で不快な「ながら接客」を経験することがあります。先日も、家族で経営している近所のラーメン店の店主が、面前で本格的な夫婦ゲンカを始め出したということがありました。その場は、黙って罵倒の応酬を見ていただけでしたが、もちろん気分が良いはずがありません。そして、一度でもこういった光景を見せられると、「もうこの店には来るまい」と感じてしまいます。前述のとおり、「その場で文句を言わないで二度と来ない」のも日本人の特性です。

こうした「日本人客の不快ポイント」を、外国人スタッフはなかなか理解することができません。とくに日本での生活が短ければ短いほど、日本人客が発する「負の空気」を読むのは難しいでしょう。日本人のものの考え方や、日本のカルチャーが持つ微妙なニュアンスを、まだよく理解できていないからです。そのため外国人スタッフには、こうした日本人の考え方や要求レベルを一つひとつ丁寧に教える必要があります。

以前、ある化粧品ブランドの店長から、外国人スタッフに関する次のような「悩み」を打ち明けられ、「さもありなん」と思ったことがあります。それは毎朝の出社時によく起こる出来事で、その店長いわく、「ひと言注意したくても、なかなか注意しづらいケースの一つ」と嘆いていました。以下で店長の言葉を引用します。

「電車の遅延で遅刻してきたときに、外国人メンバーは一切謝らないんですよ。自分はまったく悪くない、悪いのは交通機関という言い分なのでしょう。いつも普段どおりに入店してきます。ただ私たちからすれば、余計な心配をしたり、予定外の仕事が増えたりと少なからず迷惑を被っているのは確かです。だから、ひと言「すみません」と言ってほしいのですが……。ほかのメンバーも、心のなかでは謝罪の言葉を言ってほしいと思っているはずです」

外国人スタッフのなかには、めったなことでは謝罪の言葉を口にしない人がいます。とりわけ多民族国家で生まれ育った人は、文化や価値観のまったく違う相手と共存する環境に置かれていたため、なかなか非を認めない性向があります。非を認めると、どんな責任や不利益が生じるかわからないという意識があるからです。この点、お互いの価値観が近くて、相手のリアクションがある程度読める日本人とは、謝罪に対する心理的ハードルが違います。どんなに自分に非があっても謝ろうとしない人は、自己防衛のために、そうすることが小さい頃からの習い性になっている可能性があります。

そのためこういった場合、外国人スタッフには、「日本では素直に非を認めるほうが周囲からの信頼が高まる」ことを教えなければなりません。「自分は悪くない」「ミスをしていない」とアピールするよりも、ひと言謝罪の言葉を述べたほうがむしろメリットがあることを、時間をかけて説明する必要があります。こうした日本の慣習を理解すれば、しだいに彼らは謝罪の言葉を口にするようになるでしょう。

異文化の人と接していると、こちらの当たり前が相手には当たり前でなかったりするので、「それはおかしい」と苛立ってしまうことがよくあります。ただ、そこですぐに短気を起こしてはいけません。日本人の慣習や物事の捉え方といったことは、彼らは学校でも教わっていないため、理解するのに一定の時間がかかります。そのため日本人マネージャーの皆さんは、こういったことについて、一つひとつ時間をかけて教えていく必要があるのです。

《ルール⑤》日本の文化や歴史まで掘り下げて教える

日本人の考え方や要求レベルを教えるときに、気をつけるべきポイントがひとつあります。それは「なぜなら～」「このような経緯で～」といった理由や原因をしっかり説明することです。「日本人にはこういった傾向があります。だからこうしてください」と、結論部分を表面的に伝えただけでは、外国人スタッフの意識や行動を変えるのは難しいでしょう。なぜなら理由や原因をよく理解しない限り、コトの重要性を認識することはできないからです。

そして理由や原因を伝えるときは、場合によっては、日本の文化や歴史まで掘り下げて教える必要があるでしょう。理由や原因が薄っぺらであれば、説明に納得性が生まれないからです。日本人の特性を、説得力をもって伝えるためにも、「日本人の〇〇の面は、△△に基づいて形成されている」といったように、文化や歴史の面から根源的に教えなければなりません。

たとえば先述の「遅刻をしても謝らない」ケースに関しては、日本の「和の精神」と「集団主義」

から説明する必要があるでしょう。私自身も普段の外国人スタッフ研修のなかで、どんな理由があっても遅刻した場合は謝ったほうがいいことを、「和の精神」と「集団主義」の事象や原則を引き合いに出して教えています。以下に私の「研修メモ」の抜粋を記載し、その内容についてご紹介します。

①「和を以て貴しと為す」という考えは、今から1500年近く前につくられた、聖徳太子の「十七条憲法」にすでに記載されており、今でも日本人の心に深く刻み込まれている。
②単一民族の島国社会で、多民族から一度も侵略されたことがないという歴史的経緯が影響し、日本人はお互いのメッセージを汲みとる能力に長けるようになった。
③日本人の集団主義傾向が強い理由として、社会心理学者の山岸俊男氏は、「集団の利益に反する行動を妨げる仕組み、つまり相互監視と相互規制の仕組みが日本社会に存在していること」を挙げている。
④日本の集団主義の起源を「稲作文化」に求める説もある。つまり米を作るには、灌漑などでほかの人の協力が必要なため、いやがおうにも集団主義的な傾向が強まった。
⑤同質性が高くて集団主義的傾向の強い日本には、「空気を読む」ことを重視する社会風土があり、その場の雰囲気を察して行動するのが好ましいとされる。

そして、①～⑤が起因して、次の❶、❷のような日本人の特性が形成されるようになった。

❶同質性が高くて和を重んじる日本人は、相手と無用の対立を避けるため、「すみません」と気軽に謝罪の言葉を述べる傾向がある。

❷集団主義の日本の社会は、同調圧力がきわめて強いのが特徴。常に「みんなと一緒であること」が望ましいとされ、自分の意思を貫こうとすれば、KY（空気が読めない）などと批判されたり、軽蔑されたりする。職場でも「波風を立てない」ことをよしとし、周りと違う行動をとる人は、同僚から「変わったやつ」とレッテルを貼られて嫌われる。

いかがでしょうか？　ここまで深く掘り下げて説明をすれば、どんな外国人スタッフでも、日本人がいとも簡単に謝罪の言葉を述べる理由がわかるのではないでしょうか。そして、自分がミスをした際も、素直に非を認めたほうが丸く収まり、むしろ自分の評価が上がることが理解できるのではないかと思います。

もっとも、日本人の特性について、文化や歴史まで掘り下げて外国人に説明するのは難しく、なかなかすぐには実践できないかもしれません。当然のことながら、そのためには、日本人のルーツや社会慣習の変遷をよく理解しておく必要があります。外国人スタッフに正しく日本を教えるには、日本人マネージャーの皆さん自身も、日本についてしっかり勉強しておかなければならないのです。

《ルール⑥》ホウレンソウは日本人以上に徹底させる

ホウレンソウ（報告・連絡・相談）は、日本が生み出した独特の企業文化といえます。換言すれば、「日本人特有の仕事観や就業意識のなかで培われてきた、いかにも日本的な仕組み」とでもいえるでしょう。日本企業における評価の72％はホウレンソウで決まるといいます。集団主義で心配性の日本人は、それくらいきめ細かな確認作業を重視するのです。

ホウレンソウを徹底することによって、一般には次のような効果が得られるといわれます。

・未然にトラブルを防止することができる

・上司の信頼を得ることができる
・チーム内のコミュニケーション量が増える
・チーム全体が働きやすくなる

チームで協力して仕事を進めるケースが多い日本企業の場合、ホウレンソウは組織の必要不可欠なルールといえるでしょう。逆にホウレンソウが徹底されていなければ、組織の生産性は確実に下がってしまいます。新人が入社研修でホウレンソウの重要性をとことん叩き込まれるのは、こうした理由からなのです。

ホウレンソウは、もちろん外国人スタッフにもしっかり順守を求めるべきです。それどころか、むしろ外国人スタッフに対しては日本人以上にホウレンソウを徹底させたほうがいいでしょう。彼らは放っておくと自分の思い込みや勝手な判断で仕事を進める場合があります。気づいたときには、取り返しのつかない状況になっている可能性もありますので、ルールは厳格に運用したほうが望ましいといえます。とくに、「大丈夫です」「問題ありません」といった報告には注意が必要です。こういうときはむしろ「問題ないこと自体が問題」と考えて、隠された問題点を発見するよう努めたほうがいいかもしれません。

というのも、実は日本人が求めるレベルのホウレンソウは、総じてアジア諸国では行われていません。たとえば中国では、仕事はそもそも個人で行うのが基本なので、メンバー同士がお互い密接に連絡を取り合って仕事をするケースは限られています。社員一人ひとりの責任や仕事の範囲が明確になっているため、上司に対する事後的な報告はともかく、仕事で誰かに相談するような場面があまり想定されないのです。

加えて、うまくいっていないことを上司に知られたくないというのは、国籍を問わない万国共通の心理。とりわけ外国人スタッフは、日本人以上にギリギリまで隠し続ける傾向があります。そのため日本人マネージャーは、ホウレンソウをこまめにするよう耳にタコができるくらい言い続けなければなりません。

そしてその際は、「何かあったらその都度ホウレンソウをしてください」というような漠然とした指示を出しても、彼らがそのとおりにすることはないでしょう。「○○に変化が生じた際は必ず」「一日2回以上」といったふうに、可能な限りルールを具体化しなければ、彼らの行動につながることはありません。

以前、私が銀行で外国人行員研修をした際にも、受講していた中国人行員の方から、「ホウレンソウの頻度とタイミングがわからない」という趣旨の相談を受けたことがあります。「上司も忙しいのに、いちいち小さなことでホウレンソウをする必要はないのでは」というのがその方の意見でした。彼らからすれば、やみくもにホウレンソウを求められても、どのタイミングで、どういったレベルのホウレンソウをしたらいいのか判断がつかないのです。

外国人スタッフには、日本人以上にホウレンソウを徹底させる必要があります。具体的な頻度ややり方まで伝えなければ、実行に移されないでしょう。ほったらかしの無秩序なマネジメントからは、決して上質なおもてなしは生まれないのです。

《ルール⑦》
アメとムチをうまく使い分ける

以前、テレビのバラエティ番組で、「アメとムチならムチのほうが効果的である」ことを検証する企画をやっていました。鉄棒ぶら下がりをして、褒賞を与えた場合とペナルティを科した場合とでは、どちらのほうがよりタイムが長くなるか調べる内容でしたが、鉄棒から手を放すと50メートル以上の高さから落下してしまう「ムチ」を与えたときに、恐怖ですぐに手を放してしまう者が続出……。最終的には、「あまりにきつすぎるムチは逆効果」という結論で番組は終わっていました。

このことは、マウスを使った行動心理学の実験でも実証されています。T字型の迷路でマウスを必ず右側に誘導させようとするとき、右側にクッキー（アメ）を置き、左側には電気ショック（ムチ）を用意してみると、何回かの行動の後に、マウスは常に右側に進むようになります。まず、アメとムチの使い分け自体に効果があることはこの実験でも証明されています。

ところが電気ショックを少し強めに設定してみると、今度は一切効果が得られなくなりました。マウスが誤って左に進んで強い電気ショックを受けたとたん、その場でうずくまって動かなくなったのです。そしてしまいには、どう働きかけても、右にも左にも進まない無気力なマウスになってしまいました。つまりは、ムチの効力が強すぎると防御本能が強く働き、行動そのものを起こす気力が萎えてしまうのです。アメとムチの使い分けは確かに有効といえますが、あまりにきつすぎるムチはむしろ逆効果となるのです。

ひるがえって外国人マネジメントの場面でも、アメとムチの法則は効果的に働きます。良い成績を上げたメンバーには褒賞という「アメ」を与え、ミスを犯した者には経済的なペナルティという「ムチ」を科すのです。アメの内容は、目に見える具体的なものであるほど効果が上がります。「販売コンテストで1位になれば、ボーナス5万円プラス」「新製品の売り上げ目標をクリアしたメンバーは、社員販売割引率が10%アップ」といったふうに、数字や金額を具体的に明示することが鉄則といえます。

またムチに関しては、実は外国人スタッフには日本人ほど「手加減」をする必要はありません。「ルールを破ったくらいでペナルティを与えるのはかわいそう」と考えるのは日本人特有のメンタリティです。外国人スタッフに対しては、むしろ「ルールを破ればデメリットが待ち受けている」と感じさせるほうが、高いマネジメント効果が得られます。ただ先述のとおり、あまりにきつすぎるムチはNGですし、あくまで労働基準法の範囲内であることが大前提ですが……。

では、どの程度のムチが適当なのでしょうか？　たとえば外国人スタッフの多いショップでは、現在、次のようなムチが運用されています。日本人から見れば少々厳しめに感じるかもしれませんが、これくらいの内容であればまったく問題はないでしょう。

・遅刻10分につき罰金500円
・無断欠勤1回につき、ボーナス支給額を5％カット
・お客さまの前でおしゃべりをしたらイエローカード（イエローカード3枚で評定時に10点マイナス）
・接客クレームを受けたらイエローカード（イエローカード3枚で評定時に10点マイナス）

あと、このようなアメとムチのマネジメントの実効性を上げるには、ひとつ重要な要件が伴っている必要があります。それは、あくまでアメとムチを定めたルールがフェアであること。アメを与えるにしろムチを打つにしろ、ルール自体が公平でなければ必ず不平不満が噴出するはずです。とくに外国人スタッフの場合は、主張することをよしとする文化で育ってきた者が多いため、ルールの不公平さによって被る不利益を、そうやすやすとは受け入れないで

しょう。

冒頭に申し上げたとおり、あまりにきつすぎるムチが逆効果であることは日本人も外国人も変わりません。度を越えたペナルティを科すのはマイナスのほうが大きく、避けたほうがいいでしょう。ただ外国人スタッフをマネジメントする場合は、適度にアメとムチを設定したほうが高い効果が得られることはたしかです。可能な限り彼らには、日本人よりも極端にアメとムチの使い分けをすべきでしょう。そのほうが実効性は上がります。そして、たとえペナルティを与える結果になったとしても、ルールがフェアでありさえすれば外国人スタッフはそのペナルティを甘んじて受け入れるはずです。

《ルール⑧》成績評価につなげると効果的

学校で講師をしていると、誰にどのような成績をつけるか真剣に悩みます。とりわけ外国人留学生に対しては、日本人学生以上に時間をかけて成績評価を検討することが多いです。なぜなら彼らのなかに、もし悪い成績をつけようものなら、異議申し立てをしてくる者が必ず何人かいるからです。悪い成績をつけるのであれば、どこがどのように減点対象になったのか、理詰めで具体的に説明しなければ彼らは納得しません。外国人留学生は、それくらい自分の成績評価に強いこだわりを持つ者が多いのです。

もっとも、全員に例外なく良い成績をつければ丸く収まるかといえば、必ずしもそうとは限りません。どんなに試験の点数が良くてもクラスメイトと成績が変わらないのであれば、一部の成績優秀者はとたんにやる気を失ってしまうでしょう。そして、「なぜ○○さんの成績は私と一緒なのですか？」と、先ほどとは別の異議申し立てをしてくるはずです。評価の基準は、頑張った者だけが報われる仕組みにしなければなりません。基準が不明確な悪平等は、結果を出した者の不満を必ず誘発することになるのです。

ひるがえって外国人マネジメントの場合も、彼らのモチベーションを上げるには実績と成績評価をリンクさせることが基本です。外国人留学生の場合と同様、頑張れば頑張っただけ、他より成績評価が上がる仕組みにするのです。実績の基準はショップによってまちまちですが、単なる売り上げ実績だけでなく、「接客クレームの多寡」や「規律違反の多寡」、「お客さまアンケートの結果」などの要素も、実績に加味しているケースが多いようです。

「結果を出した者が評価され、そうでない者より報酬を得るのは当たり前」。こういった意識を多くの外国人スタッフが持っています。逆をいえば、結果を出しても出さなくても給料が変わらないのであれば、彼らの多くはやる気を失ってしまうでしょう。日本の組織にありがちな、やってもやらなくても変わらない悪平等の仕組みは、外国人スタッフをマネジメントするうえでは弊害でしかないのです。

たとえば中国人は、先述のとおり、自分が会社からどんな評価を受けているか確認するため、給与明細を見せ合うことがよくあります。メンツを重視する中国人スタッフは、それくらい自分の成績評価に強い関心とこだわりを持っているのです。彼らは頑張ったことを認めてほしいという認知願望が強く、評価されれば一層やる気を出す性向があります。そしてその際は、「みんなと同じ」では満足せず、必ず自分がいちばん高く評価されることを望みます。

そのため中国人スタッフのモチベーションをアップさせるには、まずは何をすれば成績評価が上がるかが明確になっている必要があります。基準が明瞭で可視化されていれば、彼らはそのルールのなかで誰よりも上に立とうと努力するはずです。

実際に、実績を給与に直結させることで、外国人スタッフのインセンティブを喚起する仕組みを取り入れているショップは多くあります。一例をあげると、以下のような内容が代表的です。

・個人の実績に応じて、月次インセンティブとして基本給の30〜40％のコミッションを取り入れている。
・個人販売ランキングの年間トップ3に入れば、賞与の基準額が約2割アップする。
・逆に販売ランキングの下位20％に入ってしまえば、契約更新に必要な基準点が半減する。

どれだけ実績を上げても、同僚と給料が変わらない。働いても働かなくても決してクビになることはない。こんな悪平等な制度を続けていれば、早晩、外国人スタッフから見切りをつけられてしまうのは間違いありません。頑張った人にしっかりと報いる仕組みがなければ、決して彼らを効果的にマネジメントできないことは、よく心得ておく必要があるでしょう。

第7章

銀座のデパートがアジア系スタッフのやる気を上げるために実践しているルール

《ルール⑨》
「期待している」と言い続ける

この章では、銀座のデパートが外国人スタッフのやる気を上げるために実践しているルールを説明していきます。やる気やモチベーションの上げ方は、ある意味万国共通で、国籍等で大きな違いがあるわけではないのですが、外国人スタッフに対しては、日本人とはやり方を変えたほうがいい点がいくつかあります。ここではそういった、「外国人スタッフならでは」の内容を厳選して解説していきたいと思います。

まず重要なのは、メンバーに対してマネージャーとしての期待をしっかり伝えることです。信頼感を具体的な言葉で可視化して、メンバーに伝えるだけでマネジメント効果は得られます。

「私はキムさんに期待しています。キムさんには実行力があるので、キムさんなら必ずこのミッションを成し遂げられるはず。本当に期待しています！」

こういった言葉を、口が酸っぱくなるくらい何度も何度も言い続けるのです。

期待されてうれしくなるのは、国籍を問わない万国共通の理。上司に何度も「期待している」と言われると、部下の言動は確実に変わってきます。期待をかけられると、なんとかその期待に応えようとする心理が芽生えることを、心理学で「ピグマリオン効果」と言います。どの国の人たちも期待の言葉を言われ続けていれば、ピグマリオン効果でその期待に応えようと力を発揮するようになるのです。

これは人間が潜在的に持つ心理が影響しています。人は誰しもほかとは違った扱いを受けることに魅力を感じるもの。特別扱いされることで自己承認欲が満たされ、快感や幸福感が得られるのです。日本人マネージャーの皆さんは、これからさっそくでもスタッフに期待の言葉を投げかけるべきでしょう。

もっとも、一般に日本人管理職は、部下に対して期待や称賛の言葉を述べない人が多いといわれます。何事も詳細重視の日本人は、良い点を認めるより先に、悪い点を改善するほうを優先してしまうため、ポジティブな印象を相手に伝えることを思いとどまってしまうのです。「暗黙の了解」で意思の通じ合う日本人同士であればそれでもいいのかもしれませんが、外国人スタッフにはこういったスタンスは理解されないでしょう。外国人に対しては、何事も言葉で可視化させなければ想いが通じることはないのです。

実際、ビジネス雑誌が行った外国人ビジネスパーソン向けのアンケート調査でも、「日本人マネージャーに対する不満点」という質問項目に対し、「無口、無表情で何を考えているかわからない」「こまめに声をかけてくれない」といった答えが上位を占めました。外国人スタッフは、日本人以上に上司からの期待や称賛の言葉を心待ちにしているのです。上司の期待の言葉に飢えているといっても過言ではないでしょう。日本人マネージャーの皆さんは、とりわけ外国人スタッフには期待の言葉を積極的に投げかけるべきです。

このルールは、実際に多くの現場でマネジメントに取り入れられています。たとえばあるショップの日本人マネージャーは、メンバーに対する期待の言葉を、一人あたり一日2回以上伝えることを日課にしているといいます。

「おはようございます。曽さん、今日も昨日以上の売り上げを期待しています！」

「今日も一日お疲れさまでした。グエンさんの今日の対応は素晴らしかったです。明日も今日と同じように、クレームゼロでお願いします！」

こうやって、比較的声をかけやすい入退店時のあいさつの際に、期待の言葉を添えるのをルーティーンにしているそうです。とにかくスタッフ一人ひとりに目をかけて、「あなたを気にかけている」というメッセージを、できるだけ多く伝えることがポイントです。

皆さんも、今日からさっそく外国人スタッフに期待の言葉をかけてみてください。意気に感じたメンバーが、あなたの期待に応えようと今まで以上に力を発揮するのは間違いありません。上司が声のかけ方を変えるだけで、部下の働き方は驚くほど変わるものなのです。

《ルール⑩》名前を呼んで承認欲求を満たす

皆さんは、日本人の名前（名字）がどのくらいあるかご存じでしょうか？　実は日本は世界で最も名前の種類が多い国のひとつで、その数なんと約15万種に及ぶといわれます。もっとも、そのうち約1万種は人口100人以下の珍しい名字であり、実際には15万種のなかの約7000種類で人口の96％をカバーしているのですが、これでも近隣諸国と比べると、ケタ違いに種類が多いことは間違いありません。

ちなみに、現在中国で使われている名前（名字）の種類は、日本よりはるかに少ない4700種あまり。韓国、ベトナムにいたっては、250～300種程度しかありません。日本で暮らす外国人が、「日本人の名前はたくさんあってややこしい」と困惑するのもうなずけます。

これだけ多くの種類があるからというわけではないのでしょうが、日本人は会社や学校で、相手の名前をあまり連呼しない性向があります。「部長」「マネージャー」「先生」といったふうに、相手を肩書きで呼ぶことが多く、ひどい場合は肩書きすら言わず、「君」「あなた」「おまえ」などと、終始相手を二人称で呼びつける人もいます。

ただこういった呼びかけ方をしていると、なかなか相手との関係が深まることはないでしょう。人は誰しも自分を知ってほしい、理解してほしいという「承認欲求」を持っています。

肩書きや二人称で呼ばれても、承認欲求が満たされることはありません。名前で呼ばれてはじめて、自分に対する相手の関心や認識を確認することができるのです。仕事におけるマネジメントやコミュニケーションの際も、必ず相手に名前で呼びかけることを心がけるべきです。

これに関して南メソジスト大学のダニエル・ハワード博士は、相手の名前を呼ぶ効果について、次のような興味深い研究結果を発表しています。まず、被験者の学生たちに自己紹介をさせ、そのあと、話があると個別に部屋に呼び出したうえで、次の3つのケースに分けて会話をします。

①名前を呼ぶ
②名前を呼ぼうとした後で、「名前を忘れてしまったので、もう一度教えてください」という
③名前を一切呼ばない

そして、ハワード氏の持っているクッキーを買うよう勧めたところ、①では90%、②では

60%、③では50%の学生がクッキーを購入したといいます。要するに、自分の名前をちゃんと覚えて、名前で呼びかけてくれた相手に対し、多くの学生が財布のヒモを緩めたのです。名前を呼ばれるだけで、いかに相手に対する警戒心や敵対心がなくなってしまうかがわかります。

こういった人間の心理を、心理学では「社会的報酬」という言葉で説明することがあります。名前を呼ぶことによって、「あなたの存在を認めています」「あなたの価値を認めています」というメッセージ（社会的報酬）を相手に伝えることができます。そして名前を呼ばれた側は、承認欲求が満たされたことに喜びを感じ、相手の要求を聞き入れるようになるのです。

外国人マネジメントの場面においても、もちろんこの原則は当てはまります。外国人スタッフに対しても、名前でどんどん呼びかけるべきでしょう。「この件についてあなたはどう思いますか？」ではなく、「張さんはどう思いますか？」と必ず会話に名前を入れるのです。先述のとおり、外国人スタッフは、日本人上司からの期待の言葉に飢えているため、承認欲求を満たす行為は日本人以上に効果をもたらします。

人は誰しも自分の名前が大好きであり、自分の名前を呼びかけてくれる相手も好きになるものです。今日からさっそくメンバーに名前で呼びかけてみてください。あなたが思っている以上に効果があります。名前を呼ぶだけでメンバーとの親密度が増し、その良い関係がチーム内に強い協力反応を引き起こすことは間違いないでしょう。

《ルール⑪》結果だけでなくプロセスも評価する

ある月末の一風景。これから新任マネージャーのAさんが、個別にメンバーを呼んで個人面談を行います。いつもこの場では、月次の売り上げ実績や接客活動といった仕事内容の総括がフィードバックされます。その月に実績を上げたメンバーにとっては心躍る場面であり、成績が振るわなかったメンバーにとっては、とても気が重い憂うつな時間となります。

面談のトップバッターは、チームのなかで新製品の売り上げ達成率が最も高かった中国人スタッフの王さん。肩で風を切って意気揚々と面談室に入ってきた王さんに対し、Ａマネージャーは淡々とした口調で次のような言葉を投げかけました。

「王さんは今月、新製品の売り上げ目標の達成率が１４５％でチームのなかで断トツトップでした。先月と比べると30％以上も改善しています。よく頑張りましたね。来月も引き続き頑張ってください。以上！」

これを聞いた王さんは、どこか浮かぬ顔をしています。明らかに、マネージャーの言葉に物足りなさを感じている様子です。そしてマネージャーの話がひと区切りつくやいなや、不満げな表情で思わずこんなことを口走りました。

「えーっ、フィードバックはそれだけですか。ずいぶん短いですね。あんなに新製品の紹介活動を頑張ったのに……。Ａマネージャーは本当に私の働きぶりを見てくれていたんですか？」

こういうとき、マネジメントする立場の人は、頑張ったメンバーを可能な限りほめちぎるべきです。先述のとおり、私たち人間は、根源的な心理として「人にほめてもらいたい」という承認欲求を持っています。そして、上司からのほめ言葉にはとりわけ強い満足感を得るものです。Aマネージャーは、部下が結果を出したこういう場面こそ、ほめ言葉が最も効果を発揮するタイミングであることを心得ておくべきでした。これでは明らかに、ほめ言葉の量が不足しています。

では、Aマネージャーのほめ言葉は具体的に何が足りなかったのでしょうか？　発言の内容を見る限り、言葉の量は少ないものの、結果を出した点については、最低限のポイントを押さえてほめているようにも思えます。

実はこのAマネージャーの発言は、「結果の言及だけにとどまっている」点がよくありません。この場合は結果のみならず、プロセスにも着目して評価をすると、ほめ言葉の価値や効果がグッと上がるはずです。

人のほめ言葉というのは、大きく「自己確認」と「自己拡大」の2種類に分けられます。自己確認とは、自分が意識している良点をあらためて認識することであり、自己拡大とは、それまであまり目を向けていなかった自分の良点を認識することをいいます。このうち、ほめ言葉としてより効果を発揮するのは自己拡大のほうといわれています。すなわち人間は自分でも思ってもみなかった点をほめられると、喜びやうれしさが一段と高まるものなのです。

そのため相手をほめるときは、わかりきった「結果」だけでなく、どこをどのように頑張って成功に導いたのかという「プロセス」まで評価すると、ほめ言葉がより強く相手の心に刺さります。できるだけ自己拡大を意識して、ほめ言葉を選んだほうがいいのです。このケースであれば、Ａマネージャーは王さんに対し、次のようにほめ言葉を投げかけるべきでした。

「王さんは今月、新製品の売り上げ達成率が１４５％で、チームで断トツトップでしたね。さすがです。王さんは接客のときは常に、新製品の紹介用サンプルを手元に持っていましたよね。これは、他のメンバーは誰一人やっていなかったことです。そういった地道な活動の積み重ねが、今回の良い結果に結びついたのだと思います。新製品を販売するために、そうやって接客方法を自分なりに工夫したことは本当に素晴らしいと思います。来月も引き続き、同じような努力をしてくれることを期待しています！」

ここでのポイントは、「努力の内容を具体的にフォーカスしている」点にあります。単に結果を出したからほめるのではなく、結果を出すためにやり方を工夫したり、新しいアイデアを考えたりした、プロセスにおける具体的な努力の内容を評価するのです。そうすることによって、ほめられた部下のほうは、「マネージャーはそんなところまで見てくれていたのか」と意気に感じ、より高いレベルで自己拡大が満たされるのです。

《ルール⑫》5回ほめて1回叱る（5対1の法則）

ほめ言葉の効用に関する話を続けます。「……ほめてやらねば、人は動かじ」とは、連合艦隊司令長官の山本五十六が言った有名な言葉です。ほめることはあらゆるマネジメントの基本です。人はほめられると、自分を認めてもらったと感じてうれしくなり、ほめてくれた相手に対し感謝と好意の念を抱くようになります。部下指導においても、ほめる機会を増やすことによって、想像以上に高いマネジメント効果を得ることができます。

ただ、漫然とほめ言葉を投げかけるだけでは芸がありません。どうほめるかによって、ほめ言葉の効果は大きく違ってきます。ほめ方のコツを心得ておけば、マネジメントの質はさらに高まります。ほめ言葉は、より相手の心に刺さる方法で駆使すべきです。

また、たくさんほめたほうがいいとはいえ、四六時中ほめっぱなしでは意味がありません。「この人はいつもほめ言葉しか言わない」と思われてしまえば、ほめ言葉のありがたみが薄れ、マネジメント効果は下がってしまうでしょう。話の途中で適宜、注意したり、叱ったりする場面をつくりながら、思いっきりほめてあげるのが理想です。

心理学では、ほめ言葉と叱責の比率は、だいたい2対1くらいが望ましいといわれています。叱責を一つするなら、その2倍はほめ言葉を投げかけるべきという意味です。仮にほめ言葉と叱責の比率が同じくらいであれば、言われた側は「ずいぶん怒られた」という印象を抱いてしまうでしょう。一般に印象というのは、マイナスの要素のほうが、後々まで強く心に残ってしまうからです。

そして、よく知られたほめ方のテクニックに、「サンドイッチ法」と呼ばれる方法があります。これは、相手に対する叱責や注意をほめ言葉ではさみこむ方法で、具体的には、①ほめて ②建設的に叱って ③最後にまたほめる、という順序で話を進めます。つまり、叱責や注意をほめ言葉でサンドするわけです。

ここで重要なのは、話の最後を必ずほめ言葉で終わらせることです。この順序を間違ってはいけません。人は叱られたあとにほめられると、ほめてくれた相手に対して好印象を持つことが明らかになっています。逆にほめられたあとに叱られれば、相手に対してマイナスの感情を抱きやすくなります。部下への声かけの際は、必ずほめ言葉で締めるのが鉄則です。

もっとも、私は外国人マネジメントの場面においては、ほめ言葉の量をさらに増やして、ほめ言葉と叱責の比率を5対1程度にすべきと考えています。5回ほめて1回叱るくらいがちょうどいいです。私はこれを「5対1の法則」と名づけ、普段の研修でも日本人マネージャーの皆さんに強く推奨しています。

というのも、外国人には「以心伝心」が通じないため、表現のしかたによっては、ほめ言葉がほめ言葉として伝わらない可能性があります。また先述のとおり、多くの外国人スタッフは、日本人上司からの期待や称賛の言葉をいつも心待ちにしています。そのため外国人スタッフに対しては、日本人以上に大げさにほめたほうが、より高いマネジメント効果が得られるのです。

またサンドイッチ法についても、やり方を外国人マネジメント仕様にカスタマイズし、①結果をほめて　②プロセスをほめて　③建設的に叱って　④励まして　⑤期待の言葉を述べる　といった具合に、2段階のほめ言葉で叱責や注意をサンドするのがいいでしょう。そして先ほど申し上げたとおり、ほめ言葉（①②④⑤）と叱責（③）の割合の目安は5対1くらいが適切です。

外国人マネジメントの場面においては、普通にほめるだけでは不十分で、ほめちぎらなければ効果は見込めません。そしてほめ言葉の量は、叱責や注意の5倍くらいがちょうどいいでしょう。単にほめるだけでは、彼らの承認欲求を十分に満たすことはできません。ほめちぎって初めて、彼らのやる気とモチベーションに火をつけることができるのです。外国人マネジメントの基本はほめちぎること。あらためてこの鉄則を心得ておきましょう。

《ルール⑬》叱るときは必ず二人きりで

かなり以前の話になりますが、私が非常勤講師を務めていた学校で起こった、ある印象深いエピソードを紹介します。その当時、私はとても出来の悪い「不良留学生」ばかりのクラスで授業を担当していました。はなから授業を聴く気のない不良たちの受講態度は、まあそれはヒドイありさま。居眠り、飲食、スマホいじりは当たり前で、なかには最初から寝るつもりで、枕持参で授業に来る学生もいたくらいです。そのときの実際の講義写真がコレ（216ページ写真参照）。この写真をごらんになれば、どのくらいヒドイ状況だったか想像していただけるかと思います。

ある日の授業中。講義の終盤に差しかかった頃に、それまで机に伏して静かに眠っていた中国人学生が、突然大きないびきをかき始めました。その爆音はたちまち教室中に響き渡り、誰一人、私の話に集中していない状況になりました。

そのとき、なぜか普段より機嫌がよくなかった私は、いつもは黙認するこうした学生の態度に無性に腹が立っていました。頭がカーッとなって、はらわたが煮えくり返っているのが自分でもわかります。そして思わず、「おまえ、出ていけ！」「寝るために学校に来るんだったら、とっとと中国に帰れ！」と、寝ている彼に向かって何度か大声で怒鳴りつけてしまいました。

その後、目を覚まして状況を察した彼がとった行動は、ある意味、常軌を逸したものでした。逆切れした様子で何事か大声で叫びながら、教壇にいる私につかみかかってきたのです。そして私に顔を近づけて、中国語で侮蔑的な言葉を何度も口にしました。幸いにして、暴力沙汰には至りませんでしたが、そのまま怒って途中退出した彼は、その後、二度と授業に出席することはありませんでした。

この場合、はたして私は被害者なのか、加害者なのか？　ただこのときの私の行為が、外国人をマネジメントするうえで最悪だったと認識するのは、ずいぶん後になってからのことでした……。

日本で生活するアジア系人材には、共通する特性があります。それは、非常にプライドが高く、やたらメンツにこだわるということ。中国人、台湾人、タイ人、フィリピン人、ミャンマー人、カンボジア人など、アジア諸国の人材は総じてこの性向を強く持っています。

メンツにこだわる相手に絶対やってはいけない行為が、「人前で叱る」こと。これだけは、とにかくやってはいけません。明らかに本人に非がある場合や、どうしても注意を与えなければならない場合だったとしても、人前でさらし者にする行為は厳禁です。これまで培ってきた信頼関係が一気に崩れ去り、決定的な亀裂を招く可能性があります。

なかでも中国人は、とりわけメンツに強いこだわりを持っています。一度でも中国人のメンツをつぶしてしまうとそのしこりは長い時間残ります。極論をいえば、メンツをつぶしたことによって生じるしこりは、永遠に消えない可能性があります。中国人にとって、メンツをつぶされることはそれくらい重要なことなのです。

ひるがえって冒頭の話に戻ると、このとき私は中国人を人前で思いっきり怒鳴りつけていました。理由や経緯はさておき、マネジメントとしては考えられる限り最悪の行為をしていたのです。

このように相手を叱らなければならない場合は、個室に呼んで二人きりの状況をつくるべきでした。そして面と向かって、一つひとつ順を追って、なぜ叱責に至ったのかを丁寧に説明するのです。二人きりの状況であれば、厳しく叱ることはなんの問題もありません。十中八九、逆切れしてくることもないでしょう。

外国人スタッフを叱責するときも、まずは心を落ち着けて、感情的にならないことが基本です。くれぐれも、瞬間湯沸かし器のごとく、いきなりその

これは決して休憩中ではなく、講義中の写真。今から10年ほど前の外国人留学生クラスの授業風景

場で怒鳴りつけるのは禁物です。そして、あくまで二人きりの状況をつくって叱ることを心がけましょう。一度でも彼らのメンツをつぶしてしまうと、修復不可能な亀裂が残る可能性があることは、強く肝に銘じておくべきです。

《ルール⑭》すぐに感情的になる上司は確実に嫌われる

ここ数年で、「パワーハラスメント（パワハラ）」という言葉がすっかり市民権を得たように思います。秘書に異常なまでの罵声を浴びせたパワハラ国会議員の話題がマスコミを賑わせたのも、記憶に新しいところです。

パワハラは決して日本特有のものではありません。日本以外でも、パワハラに相当する職場いじめのトラブルは日常的に起こっています。ただ、「パワハラのレベルと頻度は日本のほうがひどい」ことは、多くの外国人ビジネスパーソンが指摘しています。なかでも以下のような発言が、よく耳にする代表的な意見といえます。

「パワハラは私の母国にもありますが、日本よりはるかに少なく、内容も陰湿ではありません」（香港人男性）

「パワハラはよく私の国でもよく起こりますが、パワハラを受けた人はすぐに会社を辞めるので、それほど深刻な事態にはなりません」（マレーシア人男性）

「本音やストレスをうまく発散できない日本人のメンタリティに加え、日本の組織には、上下関係に忠実に従わざるを得ない風土や仕組みがあります。こういった点が、この国のパワハラの温床になっていると思います」（ドイツ人女性）

どうやら日本では、パワハラの程度が他国を上回っているのは間違いないといえます。そのため、パワハラ上司に対する免疫は、日本で働く外国人のほうがより少ないといえるかもしれません。先述のマレーシア人男性の意見にもあるように、免疫のない彼らはパワハラをされるとすぐに会社を辞めてしまう可能性があります。

外国人スタッフ向けの研修をする際、いつも私は苦手な上司のタイプを訊くようにしているのですが、毎回決まって挙がるのが「怒りっぽい人」という答え。

「いつもイライラして機嫌が悪い」

「やたら細かいことにうるさい」

「仕事を間違えるとすぐに怒りだす」

多くの外国人スタッフが、すぐに感情的になるこうしたタイプの上司とは、できれば働きたくないと考えています。彼らは日本人以上に、怒りっぽい上司に対し苦手意識を持っています。何か気に入らなければ、すぐにカッカして怒鳴り散らしてしまうようなリーダーは、外国人スタッフには受け入れられないと思ったほうがいいでしょう。銀座のデパートでも、外国人スタッフに人気のある日本人マネージャーは、総じて「優しい人」が多いといいます。

先述のとおり、たとえば今の中国人の若者は、叱られた経験がほとんどありません。すぐに感情的になる相手に心を開くことはなく、すぐに感情的になるタイプの人が上司になれば、彼らは簡単に会社を辞めてしまうでしょう。またタイ人についても、パワハラ上司に対しては強いアレルギー反応を示すはずです。彼らは、人前で感情を乱す人間は尊敬に値しないという教育を小さい頃から受けています。そのため、やたら人前で怒る人を見ると、「人間ができていない」とか「尊敬できない」といった感情を抱いてしまうのです。

もし日本人マネージャーがむやみやたらと怒鳴り散らしたり、不条理な命令をしていたりすれば、その悪評判は外国人スタッフの間にまたたくまに広まると思ったほうがいいでしょう。そのうち誰も指示を聞いてくれなくなる、ということも起こり得ます。日本人には、部下が上司の命令を聞くのは当たり前という認識がありますが、相手が外国人スタッフの場合は必ずしもそうとは限りません。彼らはそれほど単純ではないのです。

すぐに感情的になってしまう日本人マネージャーの方は、日頃から怒りコントロールのトレーニングをする必要があるかもしれません。そのようなスタイルは外国人スタッフには受け入れられず、彼らから確実に嫌われてしまうことになるからです。

《ルール⑮》自分の考えを言わせる機会を必ずつくる

「いちいち口答えをしないで、黙って私の言うことを聞け！」
「おまえの意見なんてどうでもいい。決めるのは私だ！」
「おまえはいつも、ひと言多すぎる！」

こうした頭ごなしの指導は、ひと昔前の日本企業でよく目にしたマネジメントスタイルでした。軍隊のように上下関係を厳然と区分けし、異論や反論を一切認めない。そんな独善的なやり方でも、部下は上司の命令に不承不承ながらも従ってくれていました。

しかし最近は、このような軍隊式の指導はあまり受け入れられなくなっています。あまりに有無を言わせぬやり方をしてしまうと、「パワハラ」と訴えられかねないご時世でもあるからです。独裁的なマネジメントスタイルは、マネージャーとして評価されないだけでなく、自らの立場も危うくしてしまう。そんな時代になったといえます。

そして外国人スタッフをマネジメントする際は、日本人以上にこの点に留意する必要があるでしょう。外国人スタッフの場合、独善的なやり方に対し、日本人とは違う受け止め方をする人が多くいるからです。日本人は対立を好まない国民性のため、衝突の可能性がある議論をできるだけ避けようとする性向があります。そのためどんなに異論や反論があっても、可能な限り自己主張を抑えて、相手の意見を聞き入れようと努めます。日本人の部下に対して、ある程度は独善的なマネジメントが許されたのも、こうした精神性のベースがあるからなのです。

他方、外国人スタッフは、この点に関して日本人とはまったく特性が違います。彼らの多くは、「主張するほうが正しい」という文化のなかで生まれ育ってきました。たとえ上司が言うことでも、意見が違えば臆することなく、「私はこう思います」と異論をぶつけてくるでしょう。意見のぶつかり合いがより良い答えを生む、というのが彼らの信念だからです。「和」よりも「主張」に価値を置くのが彼らのスタンスなのです。

そのため外国人スタッフをマネジメントする際は、「自分の考えを言わせる機会をつくる」のが鉄則です。頭ごなしに意見を抑えつけてしまえば、彼らは日本人以上にフラストレーションを感じます。仕事に対する彼らのモチベーションを下げさせないためにも、何らかの形で自分の考えを言わせる環境をつくったほうがいいのです。

ただ、どれだけ自由に意見が言えたとしても、毎回自分の考えを否定されてしまってはモチベーションが下がります。一方、自分の意見に対するフィードバックがほとんどなければ、彼らはまた別の不満を抱えることになるでしょう。部下の意見を受け入れつつ、適切な反論をする技量が上司には求められます。

これに関してあるショップのマネージャーは、外国人スタッフと応対するときは、いつも必ず「半分オウム返し」を心がけているといいます。まずは相手の言うことを受けとめてから、「こちらのほうがもっといいのでは」と逆提案を投げかけるやり方です。半分受け入れて、残り半分は反論するので「半分オウム返し」というそうです。このような応対法であれば、彼らのモチベーションを下げることなく、建設的な意見交換ができるといいます。

これまで何度か述べてきたとおり、人は誰しも自分を認めてほしいという承認欲求を持っています。自分の話をきちんと聞いてくれる相手には、必ず好意とシンパシーを感じるものです。加えて外国人スタッフは主張を好むため、彼らと応対するときは、まずは聞き役に徹し、思う存分彼らに自分の考えを言わせることが肝要です。そういった意味で「半分オウム返し」は、非常に理にかなったマネジメントスキルといえるのです。

《ルール⑯》NGワードは「日本人だったら〜」

内なる国際化が急速に進んでいるとはいえ、多くの日本人は、未だ外国人に免疫がありません。長年、日本人だけの職場で働き、仕事で外国人と関わったことのない日本人のほうが多数派といえます。そのため、日本で暮らす外国人に関して、実情とはまったく違う認識をしている方が少なくないように感じます。

そういった方から受ける認識違いの質問のひとつに、「外国人は、日本や日本人のことをどれくらいリスペクトしているのか？」という趣旨の内容があります。その質問の裏には、「彼らは日本にはかなわないと思っていて、日本人を当然リスペクトしているはず」との思い込みがあるようです。とりわけ途上国の外国人はこうした劣等感を持っているに違いない、と考える日本人は数多くいます。

ただ残念ながら、この質問はそもそも前提が間違っていると言わざるを得ません。日本で暮らす外国人の多くは、「日本が好き」であることは確かですが、必ずしも「日本が上」とは思っていません。もちろん、日本の優れた点には多くの外国人が感服しており、なかでも日本のサービスについては、異口同音に「世界一」と称賛します。ただそうであるからといって、決して「日本人のことを上に見ている」わけではありません。日本の優れた点はリスペクトしつつも、必ずしも上とは思っていない。これが多数派の実情だと思います。

とりわけ「人材の優劣」に関しては、口には出さないものの、むしろ「自分たちのほうが上」と考えている人が多いのではないでしょうか。日本に来ている外国人は、その国の上位に属するエリート層が中心で、日本人にはない能力を持った人がたくさんいます。そのため総じてプライドが高く、そもそも「自分たちは劣っている」という意識を持っているはずがないのです。

たとえば外国人留学生に「あなたは何カ国語話せますか？」と質問すると、最も多いのが「3カ国語」という答え。なんとトリリンガルです。日本人で3カ国語が話せればかなりの少数派になりますが、外国人留学生の場合、決してこのくらいは珍しくありません。ちなみに日本人学生に同じ質問をしたときに、いちばん多かったのは予想どおり「日本語しかできない」との答え。残念ながら外国人留学生とは、語学能力のベースが根本的に違うといわざるを得ません。

そのため外国人スタッフをマネジメントする際は、「日本人のほうが上」という考えを前提にした物言いは厳に慎むべきです。たとえば以下のような上から目線の発言は、確実に彼らからの反発を受けてしまうでしょう。

「日本人だったら、そんなやり方はしません」
「日本では、そんなことはもう古くなっています」
「日本人の発想はあなたたちとは違います」

こうした発言には、「日本人のほうがあなたたちより上」というニュアンスが込められています。婉曲表現を理解できない外国人でも、これらの発言を聞けば、少なくとも自分たちが下に見られていることは理解できるはずです。あまり多用すると、外国人スタッフとの心理的距離を確実に広げることになるでしょう。

日本人は日本で暮らすアジア系の外国人に対し、知らず知らずのうちに上から目線になる性向があります。

日本のほうが経済は進んでいる。あなたたちの国は遅れている。だから、私たちがなんとかしてやろう、教えてやろう。そんな気持ちがいつも心のどこかにあって、無意識のうちに言動に出てくるのでしょう。しかし、それでは外国人スタッフはついてきてくれません。

多くの外国人スタッフは、日本人が自分たちより優れているとは思っておらず、「日本人のほうが上」という発言には間違いなく嫌悪感を抱きます。こういった発言がクセになっている方は、日本と相手国との優劣を比較するような発言は、くれぐれもＮＧと心得ておいたほうがいいでしょう。

《ルール⑰》
殺し文句は「これはあなたの将来のため」

外国人スタッフを活用するうえでのネックとして、好条件の転職先が見つかれば、いとも簡単に会社を辞めてしまうことが挙げられます。もちろん国籍差や個人差はありますが、総じて会社に対する忠誠心はあまり高くありません。多くの人が、3〜4年くらいのサイクルで転職を繰り返すのが一般的です。

それは、会社に対する想いが日本人とは根本的に異なるからです。多くの外国人スタッフにとって、会社とは生活の糧を得るために一時的に帰属する場にすぎません。そのため忠誠心や帰属意識は概して低く、「ここにいてもしかたない」と判断した時点で、その会社は固執する対象ではなくなります。

たとえば中国人のキャリアに対する意識を理解するためのキーワードに、「発展空間」という言葉があります。「自分がその会社で成長する可能性」といったニュアンスの常套句で、中国人の若者は「発展空間」がないと判断した時点で、すぐに転職活動を始めてしまいます。中国人の就業観として、キャリアアップできるかどうかが、その会社で働き続ける最大の動機づけなのです。反面、成長の機会が用意され、実力が高まると判断すれば、その会社に長くいようとします。

こういったキャリアパスの考え方は、中国以外のアジア諸国においても同じです。成長する可能性が見出せなければ、さっさと会社に見切りをつけてしまいます。日本と同じく、定年まで勤め上げるべきという価値観が残る国は韓国ぐらいで、ほとんどのアジア諸国では、平均3〜4年程度でジョブホッピングが繰り返されています。

ただ当然のことながら、企業にとってみればどんなに優秀な人材を採用しても、短期間で辞められてしまっては意味がありません。定年までは難しいとしても、一年でも長く仕事を続けてもらうに越したことはないでしょう。ではどうすれば、このような外国人スタッフの意識を変えることができるのでしょうか?

ひとつの方法として、「その仕事はあなたの将来のためになる」と繰り返し伝えることは効果的です。その仕事を経験することで、どんなスキルや人脈が身につき、どんな可能性が開けるのかを具体的に説明するのです。これによって外国人スタッフは、仕事に発展空間を見つけ、やる気やモチベーションを感じるようになるでしょう。「これはあなたの将来のため」という言葉は、仕事に前向きに取り組んでもらうための、とっておきの殺し文句になるのです。

実は、銀座のデパートで働く外国人スタッフは、他業種と比べて相対的に離職率が低いといいます。これはまず、一流の店舗でおもてなしを実践すること自体が貴重な経験であり、彼らにとっての発展空間になっている点が大きいのでしょう。ただその一方で、各ショップでも、スタッフに発展空間を感じさせるためのマネジメントを行っていることが奏功していきます。たとえばある化粧品ショップでは、次のような声かけをして、常に彼らの「発展空間欲」をくすぐっているといいます。

「この接客方法は、日本で高い評価を得ています。だから、この新しい推奨スキルを身につければ、○○さんはとても有効な差別化の武器を手にすることになります。たとえば将来、○○さんが中国で新たな会社を始めるときも、この推奨スキルは非常に役に立つはずです。だから早くこのスキルを自分のものにしてください！」

周囲に「こんな仕事はつまらない、意味がない」と不満を口にする外国人スタッフがいれば、今日からさっそくこのひと言を投げかけてみてください。「この仕事は必ずあなたの将来のためになる」と。この殺し文句で、彼らの仕事に対する取り組み方は大きく変わるはずです。発展空間が外国人スタッフのモチベーションを上げる重要なポイントになっていることは、しっかり認識しておくべきでしょう。

おわりに

「外国人と協働することが当たり前の時代」

2002年の夏。私は香港で苦心惨憺《さんたん》の日々を送っていました。大手家庭用品メーカーの駐在員として20名あまりの現地スタッフを部下に抱えていたものの、マネジメントがまったくうまくいかず、絶望感に打ちひしがれる地獄のような毎日。あまりに疲れ果て、毎晩家に帰ると、倒れ込むようにベッドにもぐり込んでいたことを鮮明に覚えています。

この当時、多くの日本人にとって外国人は「宇宙人」に近い存在でした。外国人と一緒に働くことはおろか、テレビ以外で外国人の姿を見たことがない人すらいた時代です。私自身もご多分に漏れず、それまで外国人とは接点のない、ドメスティックな環境におかれた日本人のひとりでした。にもかかわらず、ある日突然、駐在員に指名され、香港に送り込まれることになったのです。

しかし、異文化コミュニケーションのイロハも学んだことのない私が、いきなり現地スタッフをマネジメントしろといわれてもうまくいくはずがありません。ほどなくメンバーのほとんどから無視されるようになり、無能扱いされる状況に至りました。それから数か月間、自分なりのやり方で苦闘したものの、一切状況は好転せず……しまいにウツ状態になってドクターストップがかかり、なにもめぼしい実績を上げられないまま、日本に強制送還と相成りました。

あれから16年。世の中の状況は大きく変わりました。現在、日本には238万人の外国人が暮らし、毎月200万人以上の外国人観光客が日本を訪れています。内なる国際化が急速に進み、日本にいながらにして当たり前のように外国人と接する時代になりました。私自身の環境も当時とは一変し、今では大学、専門学校の非常勤講師として、日常的に数多くの外国人とかかわりを持つ立場になりました。

今の時代、多くの日本人が恒常的に外国人客と応対し、外国人の同僚や部下と働いています。日本政府はインバウンドを成長戦略の柱として位置づけ、人手不足解消のために外国人労働者の受け入れを拡充しようとしています。今後もこの流れが加速することはあれ、決して逆戻りすることはないはずです。

とかく日本の社会というのは、ひとたび手がつけられるとものすごいスピードで状況が変わるという特性があります。東京オリンピックを間近に控えていることもあり、これから急速に外国人と共存する環境が整備されていくのは間違いないでしょう。

「どうしたら外国人スタッフとうまくコミュニケーションが図れるのか？」

「どうすれば外国人部下のやる気やモチベーションを上げられるのか？」

外国人と協働することが当たり前の時代となった今、こうした課題や悩みを抱えた日本人マネージャーが、非常に増えてきているといいます。かつて私が異国で経験した外国人マネジメントの苦闘は、長い時を経て、今は場所を日本に移して各所で繰り広げられるようになっているのです。これから多くの日本人が、私が味わった苦闘と同質の経験をすることになるでしょう。私自身、自らの苦い失敗経験を困っている人のために生かせる時代が来たことに、ある種の感慨を禁じ得ない思いです。

本書のなかでも何度か述べたとおり、これから外国人がもたらす多様性は、最初は大きな「違和感」を生むかもしれません。ただそれは、これまで外国人とかかわりを持たずに生活してきた日本人が、新たなステージに進むために飲まなければならない苦い薬と受け止めるべきです。彼らは確実に、日本人だけではなし得ない効用をもたらしてくれるはずです。さしあたっての違和感は、日本人が多様性を取り込むうえで味わわなければならない、産みの苦しみといえるでしょう。

かつてバリアフリーという言葉がさかんに叫ばれ、結果として、今では高齢者や障がい者のために、階段に手すりをつけたり、点字ブロックを設けたりすることが当たり前の時代になりました。それと同じように、これから「外国人コミュニケーションのバリアフリー」も少しずつ進んでいくことを期待したいと思います。そのバリアフリー化が進んだときに初めて、日本でも真の内なる国際化が実現したといえるのではないでしょうか。

外国人コミュニケーションに必要なのは、違いがあるものへの適応力です。自分たちの文化や価値観を過度に押しつけず、相手の違いに理解を示す柔軟な精神や寛容性、許容性を身につけることです。その適応力を身につけるためのヒントが、本書を通じて読者の皆様にご理解いただけたのであれば、著者としてこれに勝る喜びはありません。

本書を書き上げるにあたって、非常に多くの方にお世話になりました。とくに、ＩＢＣパブリッシング株式会社の浦様、株式会社Ｊディスカヴァーの城村様には、数多くの示唆と情報を与えていただきました。ここであらためて御礼申し上げます。そしてもうひとり。執筆に疲れ、苦しんでいるときに、いつも笑顔で励まし続けてくれた妻の亜希子にも、心からの感謝の意を表したいと思います。本当にありがとう。

最後に、毎日外国人スタッフのマネジメントに尽力している日本人マネージャーの皆さんに、心からの敬意とエールを捧げつつ、このあたりで筆を擱くことにします。最後まで読んでいただき、本当にありがとうございました。

千葉　祐大

【参考文献】

「菊と刀」　ルース・ベネディクト著　社会思想研究会出版部　１９５１年
「文化を超えて」　エドワード・Ｔ・ホール著　ＴＢＳブリタニカ　１９７９年
「空気の研究」　山本七平著　文藝春秋　１９８３年
「タイ人と働く　ヒエラルキー的社会と気配りの世界」　ヘンリー・ホームズ＆スチャーダー・タントンタウィー著　めこん　２０００年
「中国・アジア進出企業のための人材マネジメント」　鈴木康司著　日本経済新聞社　２００５年
「集団主義という錯覚　日本人論の思い違いとその由来」　高野陽太郎著　新曜社　２００８年
「これだけ違う！日本人と驚きの中国人」　弘兼憲史著　新講社　２００８年
「すぐに役立つ　中国人とうまくつきあう実践テクニック」　吉村章著　総合法令出版　２０１０年
「中国ビジネス超入門」　平沢健一著　産業能率大学出版部　２０１１年
「知識ゼロからの中国ビジネス入門」　吉村章著　幻冬舎　２０１１年
「台湾人には、ご用心！」　酒井亨著　三五館　２０１１年
「部長が中国から来たらどうしよう」　大宮知信著　徳間書店　２０１１年
「中国人のやる気はこうして引き出せ」　塙昭彦著　ダイヤモンド社　２０１２年
「中国人エリートは日本人をこう見る」　中島恵著　日本経済新聞出版社　２０１２年

「週刊東洋経済　2012・9・15号　特集アジアで失敗しない人の活用法」東洋経済新報社　2012年
「中国人の誤解　日本人の誤解」中島恵著　日本経済新聞出版社　2013年
「外国人社員の証言 日本の会社40の弱点」小平達也著　文藝春秋　2013年
「アジア人材活用のススメ」近藤昇著　カナリア書房　2013年
「AERA　2014・7・14号　多国籍社会ニッポン」朝日新聞出版　2014年
「アジアへ進出する中堅・中小企業の〝失敗しない〟人材活用術」島森俊央 & 吉岡利之著　日本生産性本部 生産性労働情報センター　2014年
「異文化理解力 ― 相手と自分の真意がわかるビジネスパーソン必須の教養」エリン・メイヤー著　英治出版　2015年
「なぜ中国人は日本のトイレの虜になるのか？　ニッポン大好きの秘密を解く」中島恵著　中央公論新社　2015年
「爆買い後、彼らはどこに向かうのか？ ―中国人のホンネ、日本人のとまどい」中島恵著　プレジデント社　2015年
「英国人記者が見た 世界に比類なき日本文化」ヘンリー・S・ストークス & 加瀬英明著　祥伝社　2015年

【著者プロフィール】

千葉 祐大（ちば　ゆうだい）
一般社団法人キャリアマネジメント研究所　代表理事
外国人材コンサルタント

1970年生まれ。大手家庭用品メーカーに12年間勤務。2002年に香港の同社現地法人に駐在し、前任者のいない副部長職を任されるも大苦戦。異文化マネジメントの知識やノウハウを持たないまま自己流の対応を行い、惨憺たる結果に終わる。業績を大きく悪化させただけでなく、「あなたのような無能な上司のもとで働くのは無理」と面罵され、立て続けに３人の部下に依願退職されてしまう。このときの経験が、違いのある相手とどうすればうまく関わっていけるかを探求するきっかけとなった。

2006年に外国人材関連のコンサルタントとして独立。異文化対応に悩むビジネスパーソンに対し、価値観の違う相手とのコミュニケーション法を指導するコンサルティング業務を始める。並行して大学、専門学校で非常勤講師の仕事を始め、数多くの外国人留学生を指導。その数は、59ヵ国・地域、延べ6000人以上に及ぶ。

2012年に、一般社団法人キャリアマネジメント研究所を設立。外国人材の活用に関する企業研修とコンサルティング業務を本格稼働させる。現在は、この分野における第一人者の地歩を確立。全国にクライアントを抱え、企業研修講師としても年間50回以上登壇している。

■ ホームページURL：http://www.careermanagement.jp/
■ メールアドレス　：chiba.yudai@careermanagement.jp

なぜ銀座のデパートはアジア系スタッフだけで最高のおもてなしを実現できるのか!?

価値観の違うメンバーを戦力化するための17のルール

2018年1月5日　第1刷発行

著　者　千葉 祐大

発行者　浦　晋亮

発行所　IBCパブリッシング株式会社
〒162-0804 東京都新宿区中里町29番3号 菱秀神楽坂ビル9F
Tel. 03-3513-4511 Fax. 03-3513-4512
www.ibcpub.co.jp

印刷所　中央精版印刷株式会社

ISBN978-4-7946-0522-1

装丁　斉藤　啓（ブッタプロダクションズ）